なるほど！「藤原京」100のなぞ

橿原市
橿原市教育委員会
奈良県立橿原考古学研究所 編

柳原出版

藤原京跡全景(南から)

藤原京復元模型(南から)

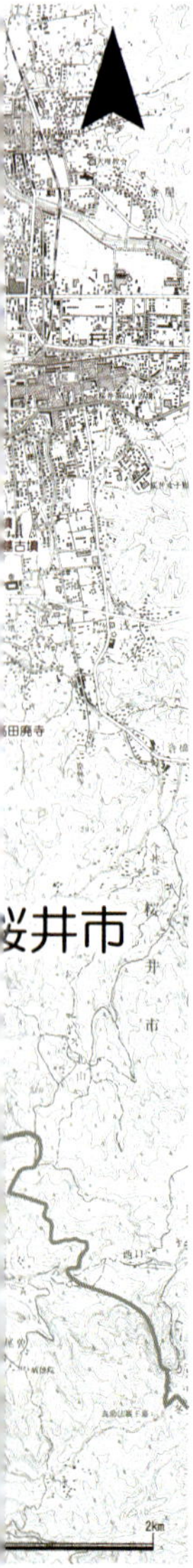

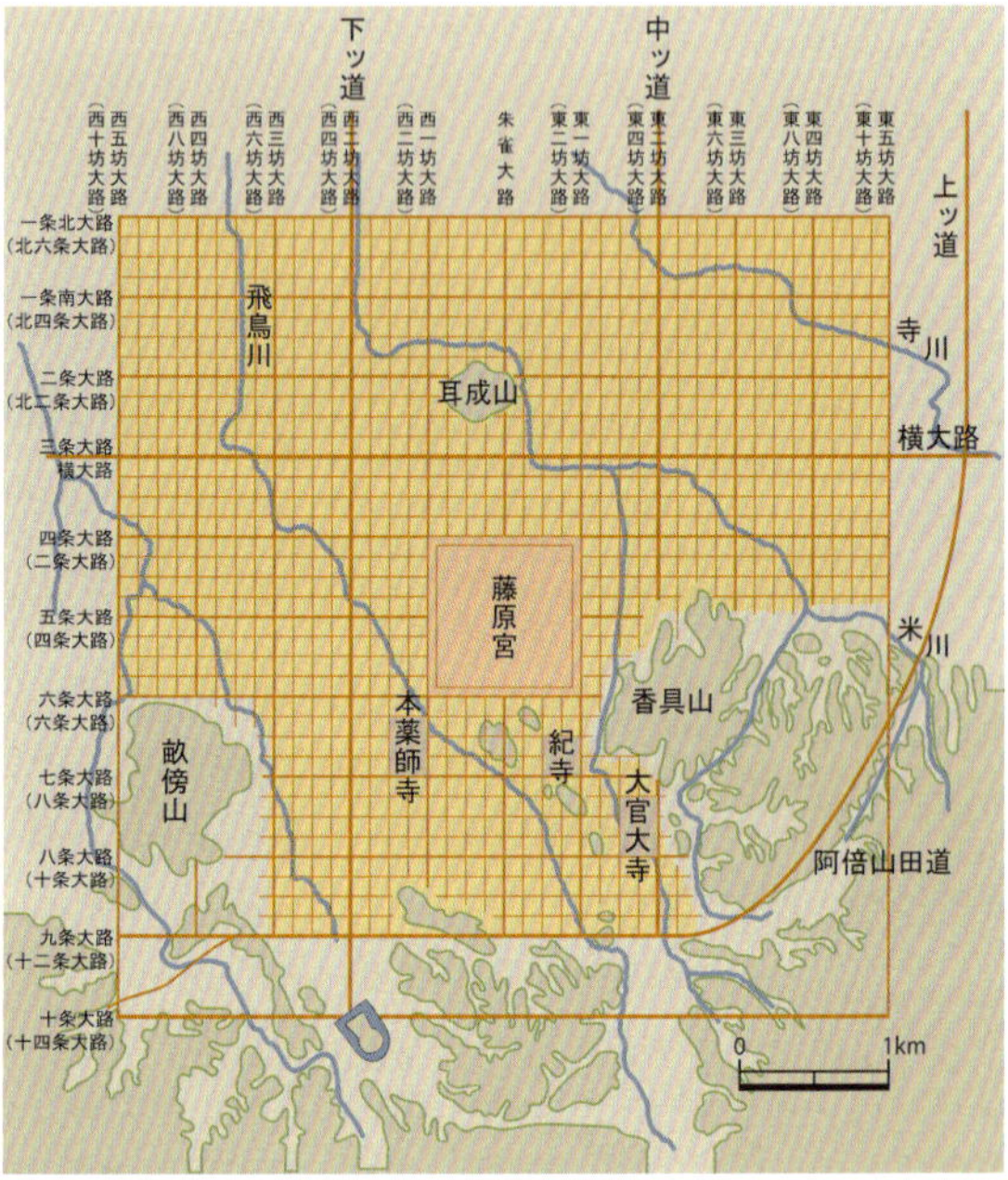

藤原京　復元図

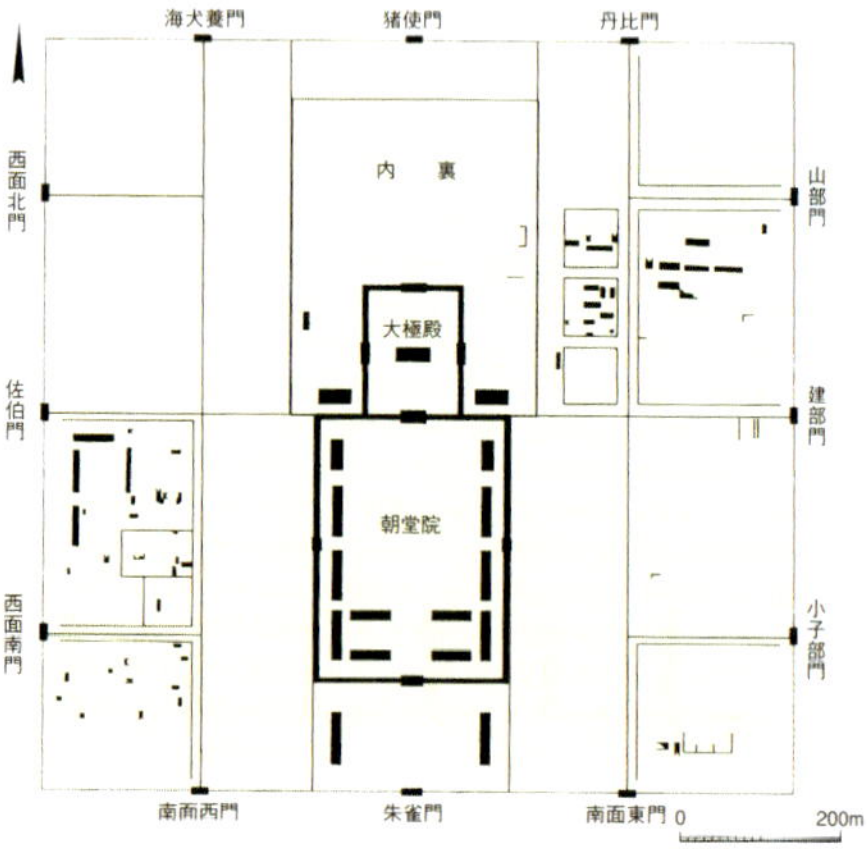

藤原宮　復元図

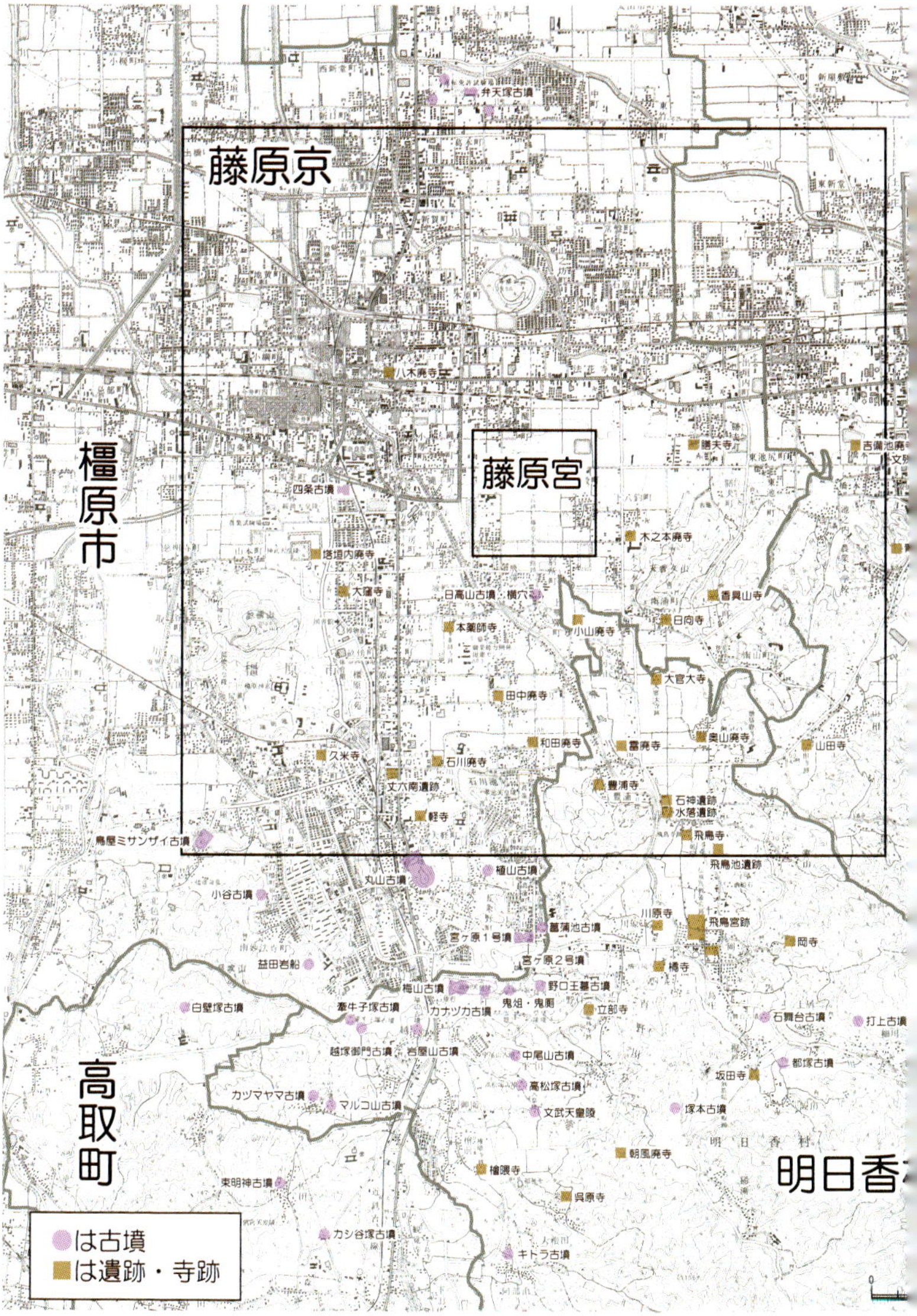
藤原京
藤原宮
橿原市
高取町
明日香
弁天塚古墳
八木廃寺
膳夫寺
吉備池廃
四条古墳
木之本廃寺
塔垣内廃寺
大窪寺
日高山古墳・横穴
香具山寺
本薬師寺
小山廃寺
日向寺
大官大寺
田中廃寺
和田廃寺
雷廃寺
奥山廃寺
山田寺
久米寺
石川廃寺
丈六南遺跡
豊浦寺
石神遺跡
水落遺跡
軽寺
飛鳥寺
鳥屋ミサンザイ古墳
飛鳥池遺跡
丸山古墳
植山古墳
小谷古墳
川原寺
飛鳥宮跡
菖蒲池古墳
宮ヶ原１号墳
岡寺
益田岩船
宮ヶ原２号墳
橘寺
梅山古墳
野口王墓古墳
鬼俎・鬼厠
白壁塚古墳
牽牛子塚古墳
カナヅカ古墳
立部寺
石舞台古墳
打上古墳
越塚御門古墳
岩屋山古墳
中尾山古墳
都塚古墳
坂田寺
カヅマヤマ古墳
マルコ山古墳
高松塚古墳
文武天皇陵
塚本古墳
朝風廃寺
檜隈寺
東明神古墳
呉原寺
カシ谷塚古墳
キトラ古墳
●は古墳
■は遺跡・寺跡

藤原京と周辺の遺跡

二官八省

- 天皇
  - 神祇官《じんぎかん》
    …神祭りを行う
  - 太政官《だじょうかん》
    …政治を行う。
    - 中務省《なかつかさしょう》
      …天皇の側近で可否を言上し、詔勅《しょうちょく》を起草する。
    - 式部省《しきぶしょう》
      …文官人事・学校などを司る。
    - 治部省《じぶしょう》
      …喪葬《そうそう》・陵墓や外交を司る。
    - 民部省《みんぶしょう》
      …戸籍・租庸調《そようちょう》・田畑を司る。
    - 兵部省《ひょうぶしょう》
      …武官人事・軍事を司る。
    - 刑部省《ぎょうぶしょう》
      …刑罰や良賤の訴を決する。
    - 大蔵省《おおくらしょう》
      …出納や度量衡《どりょうこう》・物価を決定する。
    - 宮内省《くないしょう》
      …宮中の食事・工房を司る。

地方官制

- 要地
  - 左京職《さきょうしき》・右京職《うきょうしき》
    …京の一般民政を行う。朱雀大路を境に左右に分かれる。
  - 摂津職《せっつしき》
    …外交上重要な難波津《なにわのつ》がある摂津国に特別に置かれた。京職に準じる。
  - 大宰府《だざいふ》
    …西海道支配のために筑前国に特別に置かれた。
- 諸国
  - 国《こく》―郡《ぐん》（評《ひょう》）―里《り》

はじめに

　ようこそ藤原京の世界へ。藤原京、この名前を一度は耳にしたことがあるでしょう。いや藤原京を扱った本も多数出版されていて、よく知っている読者の方もいらっしゃるでしょう。あるいは、学校の社会の授業で習い、この名を覚えている方もいらっしゃるでしょう。けれども、名前は知っていても、飛鳥であれば「飛鳥《とぶとり》の明日香」、平城京であれば「青によし奈良の都は」と自然に口ずさむほどには藤原京をひとことで言いあらわすフレーズはなかなか思いつかないのではないでしょうか。

　しかしながら、本書で紐解《ひもと》く藤原京をご覧になれば、この時代が今日《こんにち》のわが国の仕組みの基礎を築き、また「日本」という国号をも生み出し、内外に高らかに宣言し、まさに日本の指針を決定したことがお分かりいただけるでしょう。そして大陸との交流を求めて途切れていた遣《けん》唐使《とうし》の再開をはじめ、朝鮮半島を統一した新羅《しらぎ》と活発に使節交流を展開し、国際化を推進したことにも驚きをもたれることでしょう。あるいは、次代の都・平城京で華開いた天平文化に象徴される奈良時代をリードした聖武天皇《しょうむてんのう》や藤原仲麻呂といった人々も藤原京で幼少期を送っていることに気づくことでしょう。

このようにさまざまな事や物の多くが藤原京ではじまったと言えますが、これらの事跡は、百済《くだら》の文化や唐の文化などを吸収し、わが国の文化を育んできた飛鳥という時代とその文化の上に華開いたといえます。藤原宮の大極殿をはじめとする宮殿にはじめて取り入れられた礎石の上に柱を建て屋根に瓦を葺いた建物は、飛鳥時代にはじまった寺院建築の技術の精華《せいか》を示すもので、それは藤原宮から平城宮へ移され、現代によみがえった壮大な平城宮第一次大極殿が雄弁に語っています。

それでは読者のみなさん、この本とともに藤原京一〇〇のなぞを一つずつ巡り訪ねましょう。

二〇一二年三月

橿原市長　森下　豊

目次

なるほど！「藤原京」100のなぞ

〈藤原京と外国〉

〈藤原京の都市問題〉

〈藤原京の神と仏〉

〈藤原京の暮らし〉

〈藤原京の食事と楽しみ〉

〈付録〉

【コラム】

【特別テーマ】

凡例

- この本では現在までの発掘調査と研究の成果にもとづき、藤原京の範囲は東西・南北とも五・三㎞としました。また条坊については、平城京と同じように一坊を十六坪と考え、北から一条・二条…と呼ぶことにしています。そのため、従来の調査地点についても、新たな条坊の呼び方に変更しています。詳しくは、「コラム1」を参照下さい。
- 本文中で一〇〇項目を引用する場合は「Q●」と表記しています。
- 本文中に※印を付した用語や人物名は、巻末の用語解説ならびに主要人物一覧に説明を加えています。
- 本文中で取り上げた万葉歌は、基本的に特別テーマで取り上げています。詳細はそちらをご覧下さい。

初版第2刷発行にあたって

- 二〇二二年四月より橿原市の文化財担当は教育委員会から市長部局の文化財保存活用課になりました。
- 橿原市の森下市長は二〇一九年一一月一一日に退任され現市長は亀田忠彦氏、奈良県立橿原考古学研究所の菅谷所長は二〇一九年五月三一日に辞任され現所長は青柳正規氏です。

なるほど!「藤原京」100のなぞ

〈藤原京とは〉

1 なぜ、藤原京と呼ばれたのですか？

藤原京は、持統《じとう》八年（六九四）から和銅《わどう》三年（七一〇）までの、※持統天皇・※文武《もんむ》天皇・※元明《げんめい》天皇の三代にわたる都《みやこ》です。しかし、日本の正式な歴史書である『※日本書紀《にほんしょき》』や『※続日本紀《しょくにほんぎ》』、歌集である『※万葉集《まんようしゅう》』といった藤原京の時代を記《しる》した書物には「藤原宮」は見られますが、「藤原京」とは記されていません。『万葉集』でただ一カ所見られるだけです。

それでは、「藤原京」という名称は、いつ使われ始めたのでしょう。実は「藤原京」と名付けたのは、大正時代から昭和時代初期にかけての歴史学者である※喜田貞吉《きたさだきち》氏です。喜田氏は論文の中で「藤原宮」の位置を推定し、その周囲に『※大宝律令《たいほうりつりょう》』にもとづいた京を復元しました。そしてこれを「藤原京」と名付けたのです。喜田氏が考えた藤原京の範囲は現在の復元案とは異なりますが、本格的な藤原京の研究としては最初のものでした。それを受け継ぐように「藤原京」の名前も定着したと考えられます。

こうして現在では藤原京の名前が正式名のように使われるようになりましたが、では藤原京の時代にこの都は何と呼ばれたのでしょうか。文献には明確には記されていませんが、『日本書紀』の持統五年（六九一）には「新益京《あらましのみやこ》」の地鎮祭《※じちんさい》がおこなわれたことが記され、この新益京こそ藤原京のことを指すと考えられています。この名称は、飛鳥地域周辺の従来から「倭京《わきょう》」と呼ばれた地域に対して新たに付け加えた「京」という意味でした。確実に藤原宮に対する京を指すとも言えないことから名称としてはほとんど用いられませんでした。

「藤原」という名称は、藤原宮を詠《よ》んだ万葉歌（巻一―五〇、五二）に見られる「藤原」、「藤井ヶ原《ふじいがはら》」という地名に由来するとされます。この付近に清らかな井戸や藤がまとわるような大木があったからなのでしょう。しかし、「藤原」や「藤井ヶ原」の地名は現在なく、具体的にどこの場所を指すのかは明らかでありません。

２　藤原京はどの市町村にありましたか？

藤原京は奈良盆地の南部にあります。そして、現在の橿原《かしはら》市・桜井《さくらい》市・高市《たかいち》郡明日香村《あすかむら》の二市一村にまたがっています。

藤原京の西側三分の二という広い範囲が含まれるのが橿原市で、西北隅は土橋《つちはし》町、西南隅は鳥屋《とりや》町付近に当たります。そして、これらの町を結んだ南北ラインから東側の全てが藤原京域に当たります。六二町にまたがりますが、含まれる町名は左の表にまとめました。また、残りの東側の桜井市域についてはＱ14で、明日香村域についてはＱ15で述べます。

また藤原京の範囲には、近鉄で八駅（新ノ口・大和八木・八木西口・畝傍御陵前《うねびごりょうまえ》・橿原神宮前・橿原神宮西口・耳成《みみなし》・大福）、ＪＲで二駅（畝傍・香久山《かぐやま》）が含まれます。ちなみに平城京は、近鉄で六駅（大和西大寺・新大宮・近鉄奈良・尼ヶ辻・西ノ京・九条）、ＪＲで一駅（奈良）です。藤原京の規模の大きさが実感されると思います。

藤原京の大きさや広がりについてはＱ８で述べますが、藤原京の面積は二八・一㎢です。現在の橿原市、桜井市、明日香村の面積はそれぞれ三九・五㎢、九八・九㎢、二四・一㎢ですから、橿原市全体よりやや狭いくらいと言えましょうか。

また現在の人口は、橿原市で約一二万五〇〇〇人、桜井市で約六万一〇〇〇人、明日香村で約六〇〇〇人です。合計で一九万二〇〇〇人となります。では、藤原京の時代の人口はどれぐらいだったのでしょうか。それについては、Q68で述べます。

藤原京に含まれる橿原市の町

町全体が含まれるもの	町の一部が含まれるもの
北妙法寺《きたみょうほうじ》町・上品寺《じょうぼんじ》町・新賀《しんが》町・常盤《ときわ》町・地黄《じお》町・内膳《ないぜん》町・木原《きはら》町・山之坊《やまのぼう》町・石原田《いしはらだ》町・小綱《しょうこ》町・北八木《きたやぎ》町・八木《やぎ》町・南八木《みなみやぎ》町・醍醐《だいご》町・法花寺《ほっけいじ》町・出合《であい》町・膳夫《かしわで》町・出垣内《でがいと》町・今井《いまい》町・縄手《なわて》町・下八釣《しもやつり》町・東池尻《ひがしいけじり》町・四条《しじょう》町・小房《おふさ》町・高殿《たかどの》町・南浦《みなみうら》町・山本《やまもと》町・大久保《おおくぼ》町・四分《しぶ》町・飛騨《ひだ》町・上飛騨《かみひだ》町・別所《べっしょ》町・木之本《きのもと》町・戒外《かいげ》町・南山《みなみやま》町・畝傍《うねび》町・御坊《ごぼう》町・城殿《きどの》町・久米《くめ》町・栄和《えいわ》町・田中《たなか》町・石川《いしかわ》町・和田《わだ》町	土橋《つちはし》町・豊田《とよだ》町・新口《にのくち》町・葛本《くずもと》町・中《なか》町・東竹田《ひがしたけだ》町・曽我《そが》町・五井《ごい》町・寺田《てらだ》町・慈明寺《じみょうじ》町・大谷《おおたに》町・吉田《よしだ》町・西池尻《にしいけじり》町・鳥屋《とりや》町・白橿《しらかし》町・見瀬《みせ》町・大軽《おおがる》町・菖蒲《しょうぶ》町・五条野《ごじょうの》町

町名は基本的に北から南、西から東の順で記しました。

③藤原京と大和三山は関係がありましたか？

藤原宮（橿原市高殿町他《かしはらたかどの》）と大和三山（香具山《かぐやま》・畝傍山《うねびやま》・耳成山《みみなしやま》）との間には、深い関係があります。

藤原宮は、大和三山の真ん中に位置しています。これは偶然ではなく、計画的に藤原宮の位置を大和三山の真ん中にするよう設計した結果です。『万葉集《まんようしゅう》』の中の「藤原宮の御井《みい》の歌」（巻一―五二）で、大和三山が宮を囲む大きな門として象徴的に表現されているのはあまりにも有名です。

土地の良い悪いなどを占う※風水思想《ふうすいしそう》では、北・東・西の三方を山で囲まれ、南に開《ひら》けた地と流水のある場所が宮の位置として理想的と考えられていました。『日本書紀《にほんしょき》』天武一三年（六八四）には、新しい都の場所を決定する時に、占い師である※陰陽師《おんみょうじ》などに地形を見させたと書かれていて、※天武《てんむ》天皇が風水に沿った都づくりをしようとしたことが分かります。

また、香具山を「芳来山」（三神山の一つで東方にある神聖な山の蓬莱山《ほうらいさん》のこと）と表現した歌（巻三―二五七）もあります。これらのことからは、大和三山を※神仙思想《しんせんしそう》の※三神山《さんしんざん》として都を守る存在と見なし、永遠の王宮をつくろうとしたこともうかがえましょう。

なお、風水による都の場所選びは※平城京《へいじょうきょう》と※平安京《へいあんきょう》でもおこなわれました。『続日本紀《しょくにほんぎ》』には、平城京に都を遷《うつ》す前の和銅元年（七〇八）二月の記事に「平城の地は、四神が守るにふさわしい場所で、三山が取り囲み、占いにもかなっている」と記されています。風水思想は古代の都づくりには欠かせない思想だったのです。

香具山

畝傍山

耳成山

大和三山

4 最初の発掘調査は、いつおこなわれましたか？

藤原京に関わる最初の発掘調査は、昭和九〜一八年（一九三四〜一九四三）にかけておこなわれました。長らくその場所が議論されてきた藤原宮の位置と構造を明らかにすることを目的として、※黒板勝美《くろいたかつみ》氏らによって設立された日本古文化研究所《にほんこぶんかけんきゅうしょ》が実施しました。詳細な計画にもとづいておこなわれたこの調査は、※足立康《あだちこう》氏らが担当し、藤原宮の中心的な建物である※大極殿《だいごくでん》の※基壇《きだん》と考えられていた※大宮土壇《おおみやどだん》の周辺（橿原《かしはら》市高殿《たかどの》町）から始められました。調査は一〇年にわたり太平洋戦争中も継続されました。最終的には※朝堂院《ちょうどういん》の全体像も明らかにされ、藤原宮の場所が確定しました。

また、現在もおこなわれている継続的な発掘調査の始まりとしては、昭和四一〜四四年（一九六六〜一九六九）にかけて奈良県教育委員会によっておこなわれたものがあります。国道一六五号線バイパス建設から藤原宮を守るために、藤原宮全体の範囲を明らかにすることが目的とされました。その目的は達成《たっせい》され、道路が藤原宮を斜めに横断する計画が、藤原宮の西側を迂回《うかい》するルートに変更されました。この調査では藤原京の範囲も推定され、その時に指摘された※条坊《じょうぼう》の位置と呼び方は、その後の調査の基礎にもなりました。

さらに、藤原京の調査としては、昭和一三～一五年（一九三八～一九四〇）におこなわれた※橿原遺跡《かしはらいせき》、丈六《じょうろく》北・南遺跡（橿原市畝傍《うねび》町・御坊《ごぼう》町、久米《くめ》町）の調査も挙げられます。ここでは、藤原京の時代の井戸が多数発見されており、現在ではその場所が藤原京内であることは明らかなのですが、当時は京の一部であるとは認識されませんでした。藤原宮の位置が明らかになるのと同じ頃に、藤原京の一部も姿をあらわしていたのですが、藤原京とは認識されなかったのです。

昭和9年の藤原宮の調査

5 藤原京をつくった天皇は誰でしたか？

持統《じとう》天皇が、夫の天武《てんむ》天皇の遺志《いし》を受け継いで、持統八年（六九四）に飛鳥から藤原宮への遷都《せんと》を実行しました。亡き夫である天武天皇の念願とも言うべき、我が国初の本格的な条坊を持つ都づくりの実現でした。天武天皇は※大友皇子《おおとものみこ》（弘文天皇）との天皇の位をめぐる争いであった※壬申の乱《じんしんのらん》に勝利して、天皇の強力な主導のもとに中国の律令にもとづいた※律令国家《りつりょうこっか》の建設をめざしていたのです。

※飛鳥時代《あすかじだい》の始まりとされる崇峻《すしゅん》五年（五九二）に、※推古《すいこ》天皇が※豊浦宮《とゆらのみや》（明日香村豊浦）で即位する以前は、従来どおり天皇が代わるごとに宮殿を遷《うつ》すことが普通でした。しかしそれ以降、※難波宮《なにわのみや》（大阪市中央区）や※近江大津宮《おうみおおつのみや》（滋賀県大津市）に宮殿があった時期を除けば、飛鳥（現在の明日香村岡とその周辺）の地に宮殿があり、固定されつつありました。天武天皇は晩年、天皇を中心とする中央集権的な国家を確立するため、王宮を狭い盆地である飛鳥から、広大な都づくりができる平地に遷《うつ》すことを考えていました。天皇の※崩御《ほうぎょ》により、その計画は一時期中断しますが、『日本書紀《にほんしょき》』には、持統四年（六九〇）一〇月二九日に「※高市皇子《たけちのみこ》、藤原の宮地を観《みそなわ》す」、

天武・持統天皇陵

一二月一九日に「天皇、藤原に幸《こう》して宮地を観す」と書かれており、持統天皇らは新しい宮殿の建設予定地を訪れ、遷都計画を着実に受け継いでいたことがうかがえます。そしてそれが実現した姿が藤原京であり、持統・文武《もんむ》・元《げん》明《めい》天皇と天皇の代替わりがあっても首都として引き継がれていきました。

6 女性の天皇が活躍したのはどうしてですか？

現在の皇位は、皇室の約束ごとを定めた『※皇室典範《こうしつてんぱん》』によって、男子が継承《けいしょう》するものと決められ、女性は天皇にはなれません。しかし、こうした決まりができたのは明治時代以後のことです。実際に、飛鳥《あすか》・奈良時代の六天皇と江戸時代の二天皇を合わせて八人、一〇代もの女性の天皇が存在しました（飛鳥・奈良時代の女性の八天皇のうち二天皇は、重祚《ちょうそ》と言って二度皇位についています）。飛鳥時代は、推古《すいこ》天皇、※皇極《こうぎょく》天皇と皇極天皇が重祚した斉明《さいめい》天皇、持統《じとう》天皇、文武《もんむ》天皇の母親である元明天皇です。※奈良時代は、元明《げんめい》天皇の娘で文武天皇のお姉さんである※元正《げんしょう》天皇、※聖武《しょうむ》天皇の娘の※孝謙《こうけん》天皇と孝謙天皇が重祚した称徳《しょうとく》天皇です。藤原京の時代は、三天皇のうち二天皇（持統、元明天皇）が女性でした。

どうしてこの時代に集中して女性の天皇が活躍したのでしょうか。それは、女性の天皇が次の男性の天皇が成長するまでの中継ぎであったとする考えがもっとも有力です。例えば、持統天皇は、皇太子である※草壁皇子《くさかべのみこ》が急死したため、天武天皇の後を継いで即位しました。その後、草壁皇子の皇子の軽皇子《かるのみこ》は、一五歳になると持統天皇から皇位を譲られ、文武天皇として即位

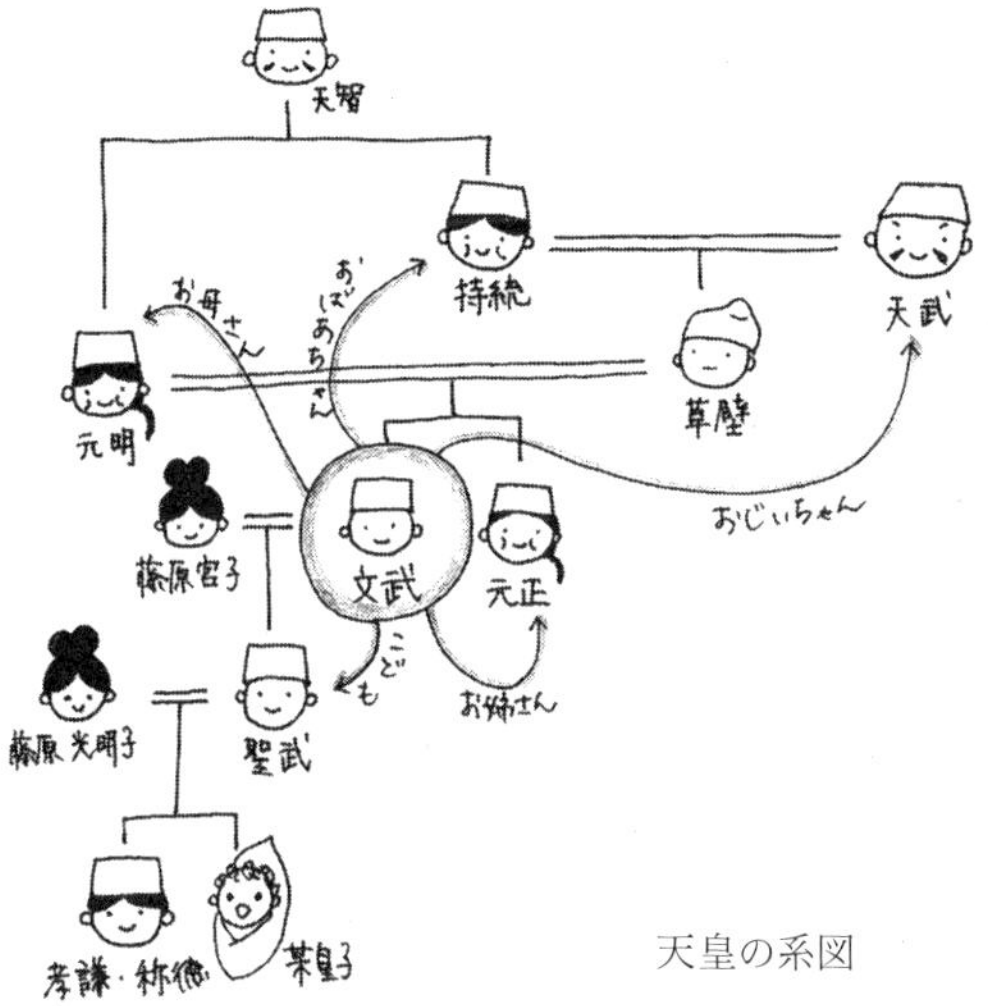

天皇の系図

します。また、元明、元正天皇も、文武天皇の皇子である後の聖武天皇が成長するまでの中継ぎであると考えるのです。

しかしこれらの女性の天皇は、単なる中継ぎではなく持統天皇の藤原京遷都、元明天皇の平城京遷都など国家の大事業を手がけています。また、持統、元明、元正天皇は位を譲った後も、※太上《だじょう》天皇として権力を持ち続けました。こうしたことを積極的に評価し、単なる中継ぎではなく、天皇としての資質、血統、経済基盤、年齢などを考《こう》慮《りょ》した上で積極的に選ばれたのではないかとの意見もあります。また天皇の妻である皇后《こうごう》は、もとより天皇を補佐する役割を持っていたと考える意見もあります。

7 藤原京で律令制は始まりましたか？

藤原京に遷都《せんと》して六年後の文武四年（七〇〇）、天皇は新しい日本の法律である『大宝律令《たいほうりつりょう》』の作成を命じました。そして翌年の大宝元年（七〇一）、※唐《とう》の律令を参考にして完成しました。『大宝律令』は、刑法である「律」と、それ以外の法律である「令」からなるもので、当時の東アジアの国では、唐以外では初めての独自の律令の制定という大事業でした。

『大宝律令』の前にも、飛鳥《あすか》に都があった時代に『※浄御原令《きよみはらりょう》』がつくられ、役人の組織や政治体制の整備を始めていたのですが、まだ、役所の組織やその呼び名は完全には整っていませんでした。しかし『大宝律令』では役所の組織が系統だてられました。太政官《だじょうかん》と神祇官《じんぎかん》に分け、太政官の下に八省を置く※二官八省《にかんはっしょう》（口絵参照）が整備されたのです。こうして役所のしくみの充実と書類にもとづいて政治をおこなうシステムづくりが進みました。また、戸籍《こせき》や地方支配の制度、道路網、通信網も整備されました。

藤原京で完成した『大宝律令』は、奈良時代以降の律令国家の基本法典となりました。そして奈良時代が始まって八年後の養老《ようろう》二年（七一八）には『大宝律令』が一部改められ、『※養老律《ようろうりつ》令《りょう》』（天平宝字《てんぴょうほうじ》元年〈七五七〉施行）として生き続けます。ですから、『大宝律令』が制定された藤原京の時代は律令制の幕開けと言えるのです。『続日本紀《しょくにほんぎ》』には、大宝元年元日の記事に「文《ぶん》物《ぶつ》の儀、是《これ》に備《そな》われり」（文物の儀礼がここに整備された）と書かれています。また、※威奈大村《いなのおおむら》という貴族の※骨蔵器《こつぞうき》には、「大宝元年律令初めて定まる」（大宝元年に律令が初めて制定された）と刻まれています。当時の人も『大宝律令』の制定をとても誇りに思っていたに違いありません。

肆以太寶元年律令初定

威奈大村骨蔵器の銘文の一部

〈藤原京の姿〉

8 藤原京の端は確認されていますか?

これまでに、西の端《はし》（西京極《にしきょうごく》）と東の端（東京極《ひがしきょうごく》）が発掘調査によって確認されています。西京極は平成八年（一九九六）、※土橋《つちはし》遺跡《いせき》（橿原《かしはら》市土橋町）の発掘調査で確認されました。この調査では、藤原京の条坊基準にのっとって設置された南北道路に東西道路がT字に取り付く交差点が発見されています。南北道路は西二坊大路にあたる下ツ道から西へ三坊分の約一五九〇mの位置、つまり西五坊大路に当たります。東西道路はこの大路を境に西側には続いておらず、西五坊大路より西側は藤原京の外であることが明らかになりました。この発見のすぐ後、今度は※上之庄《かみのしょう》遺跡（桜井市上之庄）で東京極に当たる東五坊大路が発見されました。この東・西の京極大路は、藤原宮の南北中軸線をはさんでちょうど対称の位置に当たります。東・西の京極間の距離は五・三kmで、平城京や平安京の東西幅四・三kmより一kmも広いことが明らかになりました。

一方、現在までに発掘調査で確認されているもっとも北の条坊道路は一条北大路、もっとも南の条坊道路は九条大路です。二つの大路は南北に四・八km離れています。東西の京極と異なる点は、道路の交差点が見つかっておらず、これらの道路のさらに北側、あるいはさらに南側にも条坊が存在する可能性が残されていることです。そのため、これらの道路が藤原京の北端、南端であるとは確定できないのです。

このように藤原京の端は、現在、条坊道路の存在をもって確認されています。ただしこれにも問題があるのです。藤原京内、特に南部には道路をつくることが困難な丘陵地が含まれていま す。このような場所には条坊道路は整備されていなかったと考えられ、そうすると京の端を認識することが難しいのです。また、平城京のように、藤原京も完全な正方形ではなく条坊が突出する部分が存在する可能性も捨てきれません。藤原京の範囲については今なお不明な点が多く、調査・研究が続けられています。

東五坊大路（上之庄遺跡、南から）

西五坊大路（土橋遺跡、北から）

⑨ 藤原京の大きさは？

Ｑ８で述べたように藤原京の大きさはまだはっきりと分かっていません。正確に言うと、藤原京の東西の端《はし》は確定しているのですが、南北の長さがまだ分かっていないのです。

藤原京の東西幅については、これまでに西の端と東の端の東西の五坊大路が確認され、五・三㎞であることが明らかになっています。一方、南北については、京の北端は今のところ一条北大路まで、京の南端は九条大路まで確認されています。したがって、藤原京の南北の規模について現在確認されているのは、四・八㎞と言えます。

藤原京の復元案について最も有力なものは、東西・南北ともに五・三㎞の正方形とする説です。この復元案は、『大宝律令《たいほうりつりょう》』の記事の検討などを通して考えられたもので、さまざまな面で藤原京を論理的に説明できます。よって、この本でもその復元案に従っています。

しかし、この考えのように北京極《きたきょうごく》を一条北大路とした場合、京の南の玄関である羅城門《らじょうもん》※は、丘陵の中にあることになってしまいます。また、藤原京では九条大路より南で藤原京の道路が見つかっていないことも問題となります。さらに藤原京の東側の上ツ道《かみつみち》の西側で藤原京の時期の建物や井戸が発見され、役所があった可能性も考えられています。このように藤原京の大きさを確定するには、まだ多くの問題があるのです。藤原京は、日本で初めての碁盤《ごばん》の目状の街区を持つ都です。したがって、理想の都と実際につくった都の形には隔《へだ》たりがあったのかもしれません。

なお、現在確認されている藤原京の範囲はおおよそ、北は近鉄橿原線「新ノ口」駅、南は近鉄橿原線「橿原神宮前」駅から南へ九〇mほどの地点、東は桜井市上ノ庄（イオン桜井店周辺）を通る国道一六九号線の西側、西は畝傍山《うねびやま》の西側、県道二〇七号見瀬五井線によって囲まれた範囲となっています。

10 どうしてこのような大きな都をつくったのですか？

藤原京の前に都が置かれていた飛鳥には、宮殿をはじめ儀式の場や役所などの施設がありました。しかし飛鳥《あすか》の地は平地が少なく、それぞれの施設に必要な広さが十分に確保できているわけではありませんでした。また、皇族など一部の人々を除いて、飛鳥で働く役人や工人、庶民など多くの人々が住むための空間も確保できていません。おそらく朝廷に出仕《しゅっし》する人々は、離れた場所にある自分の住まいから通ったのでしょう。

飛鳥時代の日本は、中国の制度を手本にした律令制にもとづく国家体制の整備を進めようとしている最中でした。飛鳥の都のこのような状況は、新たな国家を運営していく上で問題があります。政治や儀式をおこなうのに必要な施設と空間を用意し、さらにそこで働く貴族や役人、庶民を住まわせることのできる場所を宮の近くに確保する必要があったのです。このような要件を満たすとともに、新たな国家体制を象徴《しょうちょう》するにふさわしい豪華《ごうか》な都としてつくられたのが、藤原京です。それまでの都とは一線を画した巨大で荘厳《そうごん》な都は、訪れた人々に非常に強烈な印象を与えたことでしょう。

新しい国家体制とそれに見合う都をつくろうとしたのは天武《てんむ》天皇でした。天皇はこの大事業に着手し、その完成を待たずして朱鳥《しゅちょう(あかみとり)》元年（六八六）に亡くなってしまいます。天皇が亡くなったことで一時は停滞したこの事業を引き継いだのが、その妻である持統《じとう》天皇でした。

持統八年（六九四）、藤原宮への遷都《せんと》がおこなわれました。実はこの時点で藤原宮・京が完成していたわけではなく、その後も造営が継続しています。この点は政治制度も同じで、『大宝律令』が完成したのは遷都からやや遅れた大宝《たいほう》元年（七〇一）です。藤原京は新たな国家体制を象徴する都であると同時に、その体制の整備が進められる舞台でもあったのです。

11 藤原京はどんな形をしていましたか？

Q9で見たように、藤原京の範囲は東西・南北とも五・三kmの正方形であったと考えられています。その中心に位置しているのが藤原宮です。藤原宮は、天皇の住まいである※内裏《だいり》、政治・儀式の場である※大極殿《だいごくでん》・※朝堂院《ちょうどういん》やさまざまな官衙《かんが》（役所）などによって構成されています。今で言えば東京の皇居《こうきょ》と国会議事堂《こっかいぎじどう》、霞ヶ関《かすみがせき》の中央官庁街を一カ所に集めたような場所なのです。藤原宮の大きさは一辺約一kmの正方形で、面積は甲子園球場のグラウンドの六五倍にもなるのです。

藤原京には貴族・役人・庶民の家や寺院、市《いち》などが置かれる条坊街区《がいく》が広がっています。藤原京では、東西方向と南北方向の直線道路を碁盤《ごばん》の目状にめぐらすことによって、この街区を四角く区画しています。街区は、南北の単位を「条《じょう》」、東西の単位を「坊《ぼう》」と呼びます。ここから、このような都市区画の制度を※条坊制といい、中国・朝鮮半島・日本の都に導入されています。藤原京は日本で初めてこの条坊制を導入した都なのです。条坊制は、平城京や平安京などといった藤原京以降の都にも受け継がれています。

藤原京には、大和三山と丘陵地も含まれています。このような標高が高い場所に条坊道路を敷くことは難しかったようで、これまでに道路の存在は確認されていません。藤原京の範囲は方形に復元されていますが、その全域にわたって条坊道路が存在していたというわけではないようです。

京内の住所は、平城京の場合は「左京四条四坊」というように地番で表示されています。一方、それ以前の藤原京では、数詞を用いた地番表示も使われ始めていたようですが、「林坊《はやしぼう》」・「小治町《おはりちょう》」などといった、その場所の古くからの固有地名も併用していたことが出土した文字史料からうかがえます。

12 条坊道路はどのような構造でしたか？

藤原京の発掘調査では、しばしば条坊道路の跡《あと》が発見されます。ほとんどの場合、道路の路面部分が平らな地面として発見されるだけです。路面上の舗装《ほそう》や運搬車両が通った轍《わだち》の跡などは、後の時代に削られてしまい、残ることはほとんどありません。では、なぜそこが道路だと分かるのでしょうか？実は条坊道路の両脇には、雨水などを流す排水用の※側溝《そっこう》が掘られているのです。その溝が発掘調査によって発見され、その側溝と側溝との間が道路であるということが明らかになるのです。

側溝は道路の範囲を明確にするだけでなく、当然、排水路としての役割を持っていました。発掘調査では、道路側溝に排水するトイレの跡も発見されています。また、日々の生活によって出たゴミの一部は側溝に捨てられていたようです。

条坊道路の道路幅にはいくつかのランクがありました。最大のものは※朱雀大路《すざくおおじ》で、幅一七・七mの路面の両側に幅約七mの側溝がつきます。両側溝の中心間での幅は約二四mにもなります。藤原京の条坊道路であると同時に奈良盆地全体の主要道路でもあった※下ツ道《しもつみち》・中ツ道《なかつみち》・横大路《よこおおじ》。

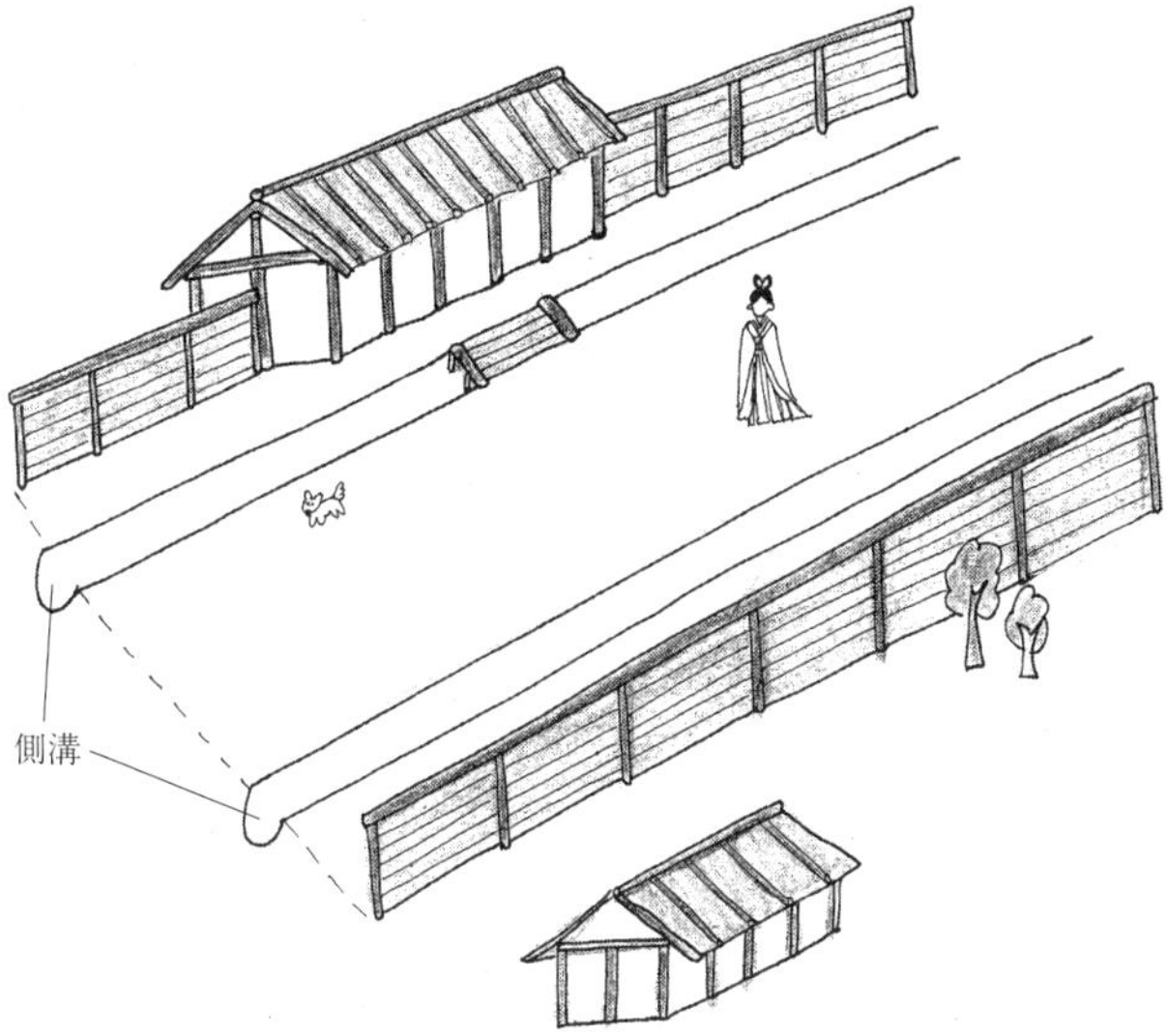

条坊道路の様子

もこれとほぼ同様、あるいはこれをさらに上回る規模（横大路は路面幅三〇m以上の大きな道路）だったようです。橿《かし》原《はら》市の南部を南北に走る国道一六九号線はこの下ツ道のルートを受け継いだ道で、車の通行が絶えることがありません。現在も両側二車線の立派な道路ですが、藤原京の頃は道路幅が現在の国道の二倍以上だったというから驚きです。その他一般的な道路の側溝中心間の幅は、大路《おおじ》で約一六m、条間路《じょうかんじ》・坊間路《ぼうかんじ》で約九m、小路《しょうじ》で約六・五mとそれぞれランク分けされていました。

13 藤原京の大きさが本によって違うのはどうしてですか？

藤原京は平城京遷都《せんと》後、田畑（律令では班田《はんでん》）として利用されたため、その痕跡《こんせき》が地表から消え去ってしまいました。そのため、昭和一〇年代までは藤原宮の位置すら分かっていなかったのです。しかし、その後の発掘調査の進展によって藤原宮の位置も明らかとなり、また藤原京の大きさも考えられるようになりました。

発掘調査の成果をもとに最初に藤原京の復元をしたのは、※岸俊男《きしとしお》氏です。岸氏は藤原宮の位置と古道の位置、『大宝律令』の規定をもとに、藤原京は北を※横大路《よこおおじ》、東を※中ツ道《なかつみち》、南を※阿倍山《あべやま》田道《だみち》、西を下ツ道《しもつみち》によって囲まれた範囲で、そしてこの中に碁盤《ごばん》目のように規則正しく道路がつくられたと考えました。この説は、とても分かりやすく藤原京を説明できたので、教科書にも記され、有力な説となりました。

ところがその後、岸氏が考えた藤原京の外側で、藤原京の条坊道路の延長が見つかるようになり、平成八年（一九九六）になってようやく東西幅が確定しました。現在ではＱ９で述べたように東西・南北とも五・三㎞と考えられています。

藤原京の大きさが一九九六年以前と現在の本で違うのは、昔の本は岸氏の藤原京の大きさを、現在の本は一九九六年以降の発掘調査の成果をもとに藤原京の大きさを示しているからです。つまり藤原京の大きさの違いは、藤原京の研究の進展を示していると言えます。

なお、岸氏の提唱した藤原京の範囲と、調査の進展によって見直されて広くなった藤原京(大藤原京と言われることもあります)の範囲の関係については、もともと藤原京は広い範囲の京としてつくったという「一体説」、当初は岸氏の提唱した範囲の京であったものを拡張してより広い都としたという「拡張説」、その逆の「縮小説」とさまざまな説が考えられていて、藤原京の大きさの違いは新たな問題を生み出しています。

14 藤原京に桜井市は含まれますか？

藤原京の範囲が大和三山の内側でおさまると考えられていた昭和五四年（一九七九）以前、桜井市は藤原京の外側に当たると考えられていました。ところが桜井市域でも一九八六年には条坊道路が確認され、一九九六年には東京極大路《ひがしきょうごくおおじ》が発見されたことから、藤原京の京域が従来考えられていた範囲よりもさらに大きくなることが判明し、桜井市域も大きく藤原京に含まれることになりました。

この結果、桜井市は藤原京域の東辺部分を占めることとなり、東北隅は大字三輪《おおあざみわ》の西方、東南隅は大字高家《たいえ》の山中に当たると考えられるようになりました。藤原京域に含まれる大字は、北から大福《だいふく》・東新堂《ひがししんどう》・三輪・上之庄《かみのしょう》・西之宮《にしのみや》・戒重《かいじゅう》・吉備《きび》・阿部《あべ》・橋本《はしもと》・池之内《いけのうち》・山田《やまだ》・高家です。部分的に含まれるものが大半で、西之宮だけ全域が藤原京の範囲内です。一般的にはあまり知られていませんが、桜井市の比較的広い範囲が藤原京域に含まれているのです。そして実際の発掘調査においても東五坊大路の他、藤原京の時代の条坊道路や掘立柱建物が多数確認されています。

ただし、五条大路より南に当たる大字橋本、池之内、山田、高家の地域は、大半が開発の困難な丘陵地帯に当たります。また、実際の発掘調査においても条坊の存在は確認されていません。これらのことから、この範囲において条坊は設けられなかったのではないかと考えられています。

なお、現在確認されている京域よりさらに東に一坊分大きく、東京極が古代の幹線道路である上ツ道《かみつみち》にまで達するとの意見もあります。この考えによると、さらに大字川合《かわい》・谷《たに》・生田《おいだ》などの地域が藤原京に含まれることになりますが、東五坊大路より東の地域では、条坊の存在が確認されていないことから、有力な考えとはなっていません。

15 藤原京に明日香村は含まれますか？

明日香村で藤原京に含まれる範囲は、大字では明日香村の北端から、小山《こやま》・雷《いかづち》・奥山《おくやま》・豊《とよ》浦《うら》・飛鳥《あすか》・八釣《やつり》・東山《ひがしやま》が相当します。その中で小山・雷・奥山は、全域が含まれます。藤原京の時代では、藤原京の南東部、左京七～十条の一～五坊に当たりますが、多くが丘陵地にかかります。

明日香村《あすかむら》は、推古《すいこ》天皇の時代から藤原京に遷都《せんと》するまでの約百年間、都が置かれた場所です。藤原京と重なる地域は、飛鳥時代から開発が進んでおり、新しい都にそれまでの施設が組み込まれたことが容易に想像できます。実際に発掘調査でも、藤原京南辺ちかくでは条坊の道路跡が確認できない場所も多くあります。また、藤原京の時代以前からの道路である※阿倍山田道《あべやまだみち》は、藤原京に含まれて以後も場所を変えず同じところを通っていました。

藤原京と明日香村が重なる範囲での藤原京の時代の遺跡としては、豊浦寺《とゆらでら》（豊浦）・奥山廃寺（奥山）・紀寺《きでら》（小山廃寺、小山）・大官大寺《だいかんだいじ》（小山）などの寺院があります。豊浦寺・奥山廃寺は藤原京よりも古くからあった寺院で、藤原京の造営に伴って組み込まれたと考えられます。一方、紀寺・大官大寺は藤原京の造営とともに建立されており、都の寺として建てられました。

この他にも雷丘北方遺跡《いかづちのおかほっぽう》（雷）では、藤原京の造営に前後する時につくられた大規模な宅地が見つかっており、皇族の住宅と考えられています。一方、※石神遺跡《いしがみいせき》（飛鳥）では、藤原京の時代の役所が見つかっていますが、条坊に合わせたものではありません。

このように藤原京南東部は、それまでの飛鳥の都と重なることから、藤原京の条坊区画に合うものと合わないものが混じり合う状況で、飛鳥と藤原京が一体となっていたことを物語っています。このことも「藤原京」の特質と言えます。

16 モデルとなった都はありますか？

藤原京は、整然と碁盤目状に条坊を配置した都です。古代の中国や朝鮮半島の都をモデルに、天武《てんむ》・持統《じとう》天皇が日本で初めて実現させたと考えられています。藤原京を造営していた時代に、中国では唐の首都であった※長安《ちょうあん》（六一八〜九〇七年）が隆盛《りゅうせい》を極めていました。しかし、長安の情報がもたらされるのは、※粟田真人《あわたのまひと》らを中心とした久しぶりの※遣唐使《けんとうし》が、慶雲元年（七〇四）以降に帰国してからのことと考えられます。それでは、藤原京のモデルとなった都は何だったのでしょうか。

中ツ道、下ツ道を東西の限りと考える岸俊男氏の復元案では、中国の北魏《ほくぎ》（三八六〜五三四年）の首都※洛陽《らくよう》がモデルではないかと考えられていました。平面形は東西に長い長方形で、中央や北寄りに宮殿を置いている点が類似します。

最近の発掘調査の成果では、藤原京の平面形は、藤原宮を中心に置いた正方形をしていたのではないかと考えられるようになってきました。これは、従来考えられていた藤原京よりも大きく、広範囲にわたります。けれども、この形は、中国大陸や朝鮮半島に例がありません。中

藤原京の形は？

国の書物で、皇帝が天下を支配する際の理想的な行政組織を細かく記した『※周礼《しゅらい》』には、正方形で宮を中心に置く形が都城《とじょう》の理想形であると書かれており、この書物をもとにつくられたと考える意見も有力です。

しかし、藤原京は途中で拡大されたとの、考えもあります。また、正方形では、南の方に丘陵地を多く取り込まなくてはならなくなり、丘陵上での道路整備は難しかったと考えられます。中国古代の理想的な都城をめざしつつも、現実は違ったのかもしれません。

17 藤原京の時代の地方の様子は？

律令政府は、国《こく》・郡《ぐん》（評《ひょう》）・里《り》という制度で全国を治めました。現在の都道府県に当たる国には、都道府県知事に当たる国司《こくし》が中央から派遣されました。国司は、国府《こくふ》（国衙《こくが》）という役所で、政治や祭祀をおこないました。国の下の現在の市町村に当たる郡には、郡司《ぐんじ》が任命されました（ただし、『大宝律令《たいほうりつりょう》』の施行以前は、郡は評と称されていました）。郡司は各地の地方豪族から選ばれ、基本的にその前の古墳時代からその場所を治めてきた有力者でした。彼らは、七世紀後半頃には、地域を治める役所である郡家《ぐうけ》（郡衙《ぐんが》）をつくり、立派な寺院も建立していました。積極的に文化や技術を取り入れていたようです。

岐阜県関《せき》市の弥勒寺《みろくじ》遺跡群では美濃国牟義郡《みののくにむぎぐん》に関わる役所、倉庫、居館《きょかん》、寺院、祭祀場《さいしじょう》、墓域などが、隣接して見つかっています。藤原宮をコンパクトにまとめたような形です。また、鳥取県米子《よなご》市の上淀廃寺《かみよどはいじ》からは、装飾《そうしょく》された壁画《へきが》が、群馬県前橋《まえばし》市の山王廃寺《さんのうはいじ》からは、仏像の破片が出土しており、千葉県印旛《いんば》郡栄《さかえ》町の龍角寺《りゅうかくじ》では、※白鳳《はくほう》時代の薬師如来坐像《やくしにょらいざぞう》が本尊《ほんぞん》として伝えられています。これらからは、飛鳥の寺院に劣らない荘厳《そうごん》な地方寺院の様子が浮かび上が

藤原京の時代の地方の様子

ってきます。

藤原京の時代、地方の人々は古墳時代以来の竪穴住居《たてあなじゅうきょ》に住んでいました。五〇㎝ほど地面を掘り、きれいな粘土を貼って床《ゆか》とし、柱を立てて茅葺《かやぶき》の屋根を支えます。住居の中には、粘土でつくったかまどを設置して食事をつくりました。広さはいろいろですが、三〇㎡くらいが平均だったようです。家族で住むとちょっと狭いですが、みんなで肩を寄せ合って暮らしていたのでしょう。そうした人々にとって、高く屋根を重ねた寺院の塔が建設されていく様子はどのように映ったのでしょう。現代の私たちが、東京のスカイツリーの建設を見る気持ちと同じかもしれません。

18 藤原京を起点として全国を結ぶ交通網は？

藤原京の時代の日本は、行政上「畿内《※きない》」と「七道《しちどう》」に区分されていました。畿内は、都とその周辺の大和国《やまと》・山背国《やましろ》・河内国《かわち》・摂津国《せっつ》（和泉国《いずみ》は天平宝字元年〈七五七〉に河内国から分割して設置されました）です。七道は、畿内を中心にそれ以外の国々を反時計回りに東海道《とうかいどう》・東山道《とうざんどう》・北陸道《ほくりくどう》・山陰道《さんいんどう》・山陽道《さんようどう》・南海道《なんかいどう》・西海道《さいかいどう》に分けたものです。

そして、それぞれの国の国府などの重要地点を結ぶ幹線道路としての駅路《えきろ》が都を起点としてつくられました。駅路には約一六km間隔で駅が置かれ、その施設である駅家《※うまや》では駅馬《えきめ》が飼われていました。都から地方への急ぎの伝達がある場合、使者が駅馬を乗り継いで目的地へ行きました。この制度は陸上競技の「駅伝《えきでん》」の語源にもなっています。駅路は軍用道路、都へ税としての品物などを納めるための道路などとして利用された他、都と地方で公文書のやりとりをおこなう通信路としても利用されました。

駅路は地形にあまり関わりなく直線になるように設定され、丘陵部分も削り落として直線にしていました。道路幅は九～一二mで、当時の道路としては格段に広かったことが発掘調査から分かっています。道路はさらに各国の郡家《ぐうけ》を結ぶものも整備されていきました。藤原京の時代ではありませんが、平安時代初めの法令をまとめた『※延喜式《えんぎしき》』には、各国から都まで税である※調《ちょう》を運ぶ行きと帰りの日数が定められています。各道のもっとも遠い国からの日数は表の通りです。帰りが行きの約半分になっているのは、帰りは荷物が軽いからです。

藤原京を起点とする行程所要日数

東海道	常陸国《ひたち》（茨城県）行き30日、帰り15日
東山道	陸奥国《むつ》（福島県、宮城県、岩手県）行き50日、帰り25日
北陸道	佐渡国《さど》（新潟県佐渡島）行き34日、帰り17日
山陰道	隠岐国《おき》（島根県隠岐諸島）行き35日、帰り18日
山陽道	長門国《ながと》（山口県）行き21日、帰り11日
南海道	土佐国《とさ》（高知県）行き35日、帰り18日
西海道	※大宰府《だざいふ》（福岡県）行き27日、帰り14日

（　）内は、およその現在の県名

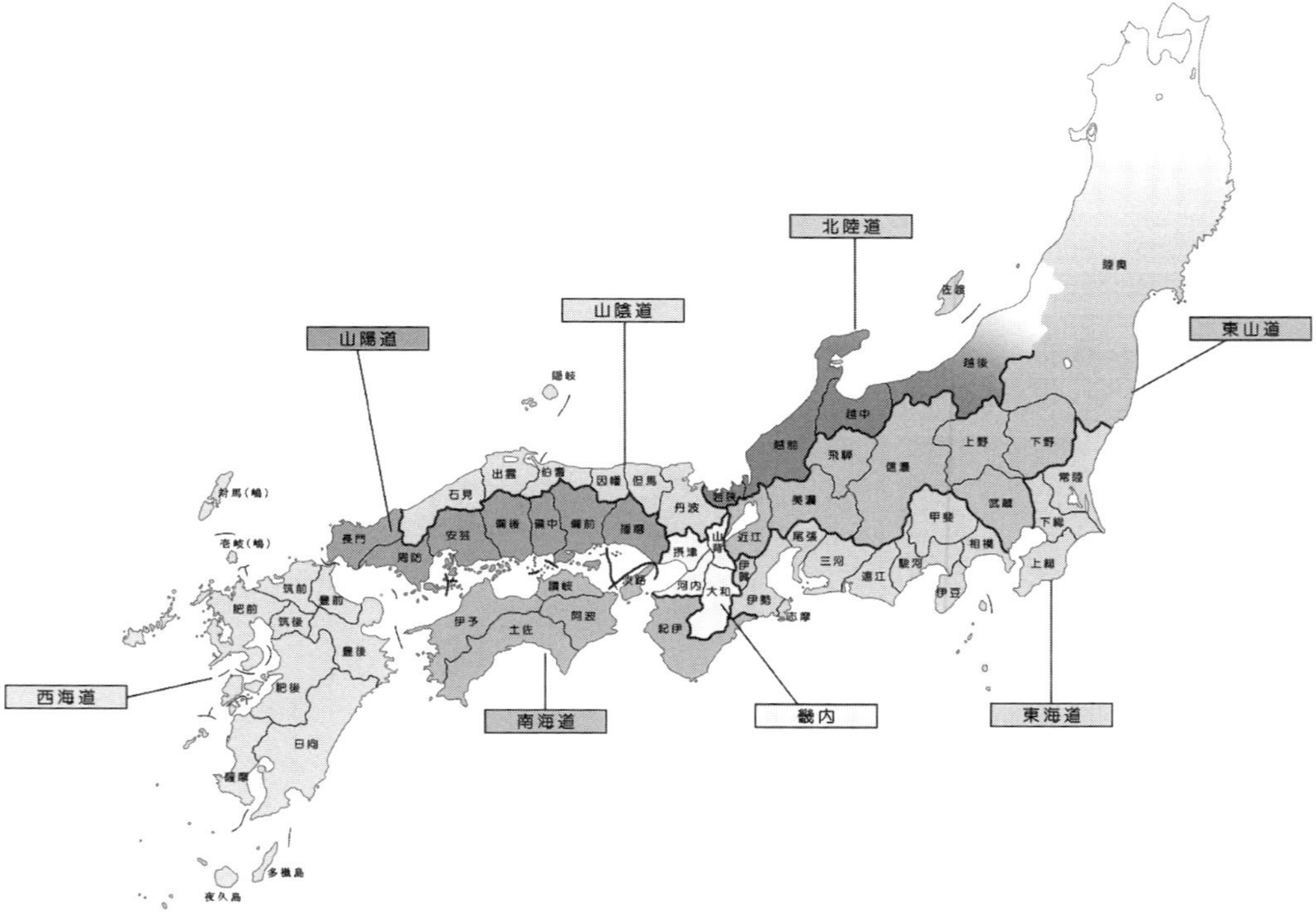
北陸道
山陰道
山陽道
東山道
西海道
南海道
畿内
東海道
陸奥
佐渡
越後
越中
越前
飛騨
信濃
上野
下野
常陸
隠岐
出雲
伯耆
因幡
但馬
石見
丹波
若狭
美濃
武蔵
下総
甲斐
対馬（嶋）
長門
周防
安芸
備後
備中
備前
播磨
山背
近江
尾張
相模
上総
壱岐（嶋）
摂津
三河
駿河
遠江
伊豆
伊賀
淡路
河内
大和
伊勢
志摩
讃岐
阿波
伊予
土佐
紀伊
筑前
豊前
肥前
筑後
豊後
肥後
日向
薩摩
多褹島
夜久島

藤原京の時代の国

〈藤原京と外国〉

19 藤原京と東アジアの国際関係は？

藤原京の時代、東アジアの情勢は日本と唐と※新羅《しらぎ》との交流も再開された時期で落ち着いていました。しかし藤原京遷都《せんと》の三〇年ほど前は、朝鮮半島を舞台に、唐もまきこんで戦争がおこなわれていました。日本も※百済《くだら》を救援するため、兵を派遣しています。

七世紀前半の朝鮮半島には、北に※高句麗《こうくり》（およそ現在の北朝鮮）、南西に百済（およそ現在の韓国西部）、南東に新羅（およそ現在の韓国東部）がありました。新羅は、高句麗と百済から頻繁《ひんぱん》に攻撃されて苦しい状況でしたので、唐に救援を求めました。新羅は、六四九年に唐の制度を採用し、翌年には唐の年号を使用し始めるなど、唐とは深い関係にありました。唐は、新羅の要請にこたえて高句麗と百済に攻撃を開始します。

日本には、新羅と百済、高句麗から頻繁に使者がやって来て、自分の国を救援してくれるよう要請していました。しかし、日本は、唐・新羅と高句麗・百済が、本格的に戦争を始める六五五年以降になっても、どちら側に味方するのかを決めかねていました。六五七年に、日本が遣唐使を送る際、新羅に協力を求めますが、新羅はこれを拒否しています。そして、六五九

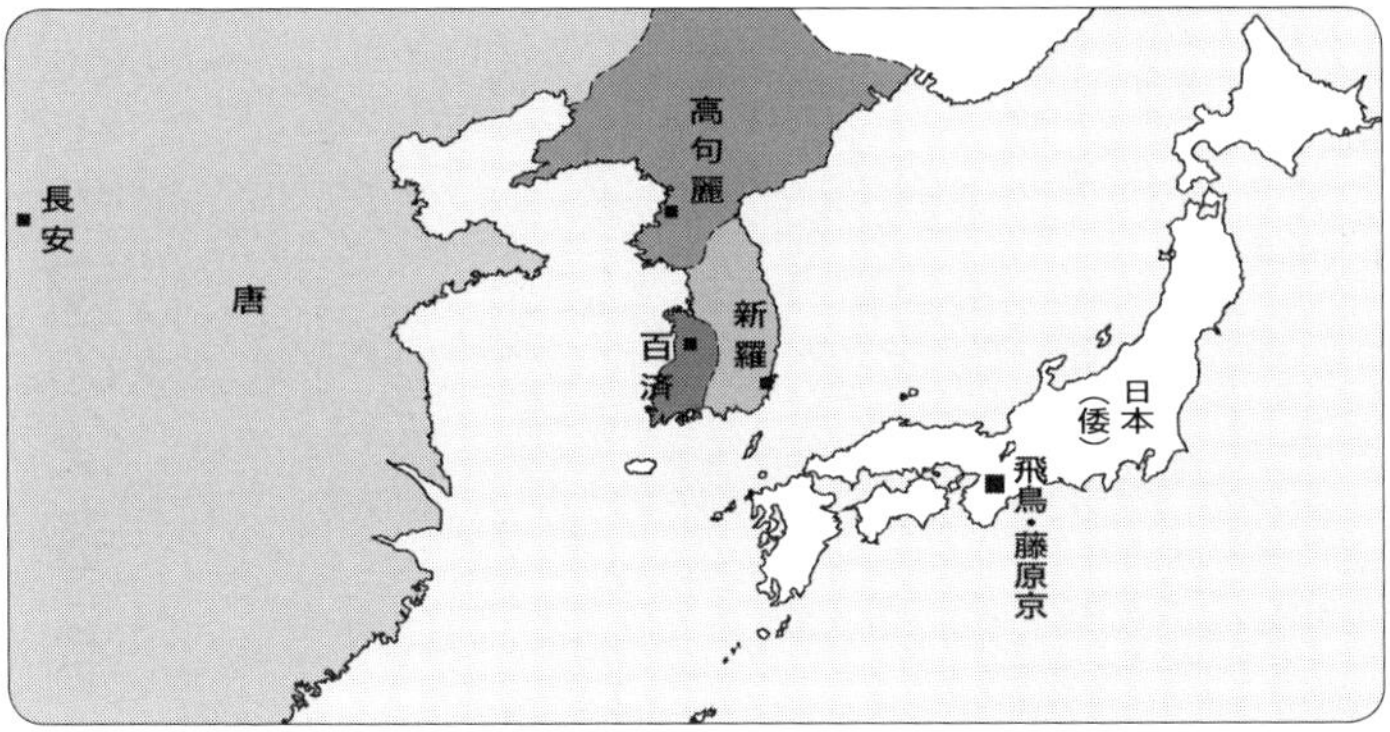

7世紀代の東アジア

年以降、新羅との交流は中断しました。

六六〇年七月、唐・新羅軍に百済は降伏しました。日本は、百済に対する救援軍を派遣しますが、六六三年、※白《はく》村江《そんこう》の戦いで大敗しました。この敗戦の後、日本は唐・新羅軍の攻撃に備えて、国内の軍備の拡大をはかっています。

唐・新羅軍は次に、高句麗を攻め、六六八年に高句麗を倒します。しかし今度は、百済と高句麗の領地支配をめぐって、唐と新羅が争いを始めます。そして六七六年に、新羅は朝鮮半島から唐を追い出し、ついに朝鮮半島を統一しました。唐と争っていた頃、新羅は日本との交流を再開し、それ以降、頻繁に使節を相互に派遣するようになりました。日本と唐の関係は、六六九年以降中止されていた遣唐使が、七〇二年になってようやく再開しています。

20 外国の使者は、藤原京に来ましたか？

藤原京に来た外国の使者のうち回数の多いのは新羅《しらぎ》からの使者でした。新羅の使者は、藤原京があった一六年間に六回来ていますので、二〜三年に一度のペースです。また、新羅の他に、当時、日本の範囲外であった東北地方の人々（蝦夷《えみし》）や、鹿児島県の種子島（多褹《たね》）、屋久島（夜《や》久《く》）、奄美大島（菴美《あまみ》）、徳之島（度感《とかむ》）などからも使者がやって来ています。

藤原京の時代、新羅との交流はとても盛んですが、藤原京に遷都《せんと》する以前、日本が、百済《くだら》を救援するために、新羅や唐と戦争をした時期には、中断していました。この戦争で、日本は、六六三年八月の白村江《はくそんこう》の戦いで敗れ、新羅や唐からの攻撃に備えて、急いで連絡網や城の整備をおこないます。しかしその後、新羅と唐の関係は悪くなり戦争が始まります。これをきっかけとして、新羅から再び使者が来るようになります。六七六年の新羅と唐の停戦の後には使者は毎年のように訪れ、たくさんの贈り物を持ってやって来ました。新羅は、唐と日本の間に位置していますので、日本を敵に回したくなかったのでしょう。

新羅の使者が持って来た贈り物には、金・銀・銅・鉄などの金属、金属製の容器、幡《はた》や絹織物、屏風《びょうぶ》、虎や馬などの動物の皮、鸚鵡《おうむ》・馬・犬・駱駝《らくだ》などの動物、薬や香料《こうりょう》などがあります。

新羅からもたらされる品々は、とても珍しかったようで、奈良時代には、貴族や上級の身分の人々が、新羅の使節が持って来た品々を競うように買い求めています。東大寺の※正倉院《しょうそういん》には、その様子を示す伝票が残っています。

21 外交官として活躍した人はいましたか？

外国に派遣される使者には、外交官である大使・副使・判官《はんがん》（大使・副使の補佐）・録事《ろくじ》（記録係）の四等官と訳語《やくご》（通訳）の他に、新しい文化や知識、技術などを学ぶ学問僧・留学生・技術者もいました。

藤原京の時代には、約三〇年ぶりに、遣唐使が派遣されます。その時に、文武《もんむ》天皇から全ての権限を任されたのが執節使《しっせつし》粟田真人《あわたのまひと》でした。粟田真人は、遣唐使に任命された年に完成した『大宝律令』の選定もおこなった人物です。また、執節使はこの遣唐使にだけ見られる特別な役職で、大使よりも上位に当たります。この遣唐使は、大宝元年（七〇一）正月に任命され、天候の都合から、翌年の六月に出発しました。

粟田真人たちは、唐の楚州《そしゅう》（現在の中国江蘇省《こうそしょう》蘇州《そしゅう》市）に到着して長安《ちょうあん》（現在の中国陝西省《せんせいしょう》西《せい》安《あん》市）に向かい、大宝二年（七〇二）に※則天武后《そくてんぶこう》に会っています。この時、粟田真人たちは、楚州で唐の人に「日本」から来たことを伝え、また、則天武后からは「日本国」という国号を認めてもらっています。それまで日本の国号は「倭国《わこく》」でしたが、粟田真人たちによって、「日

長安城

本」という国号が、国際的に認められたと言えるでしょう。

粟田真人たち一行は、慶雲元年（七〇四）と四年（七〇七）に帰国します。彼らが持ち帰った唐の都の最新情報は、とても衝撃的であったようです。なぜなら、彼らが目にした唐の都長安は、藤原京とはまるで違う姿であり、慶雲四年（七〇七）二月には、早くも平城京への遷都を考え始めているからです。平城京は、粟田真人たちが持ち帰った最新情報を参考にしてつくったと考えられ、長安に似通った姿でした。

なお、粟田真人たちの遣唐使には、『万葉集《まんようしゅう》』におさめられている「※貧窮問答歌《ひんきゅうもんどうか》」で有名な、
※山上憶良《やまのうえのおくら》もいました。

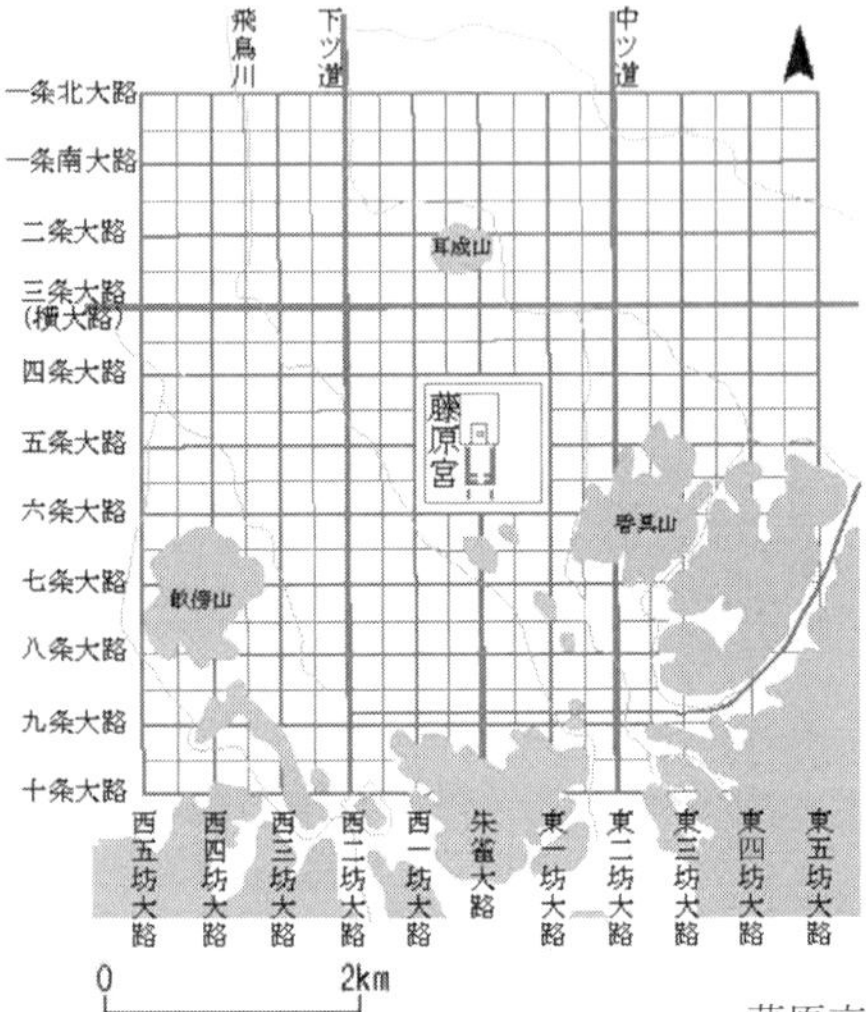

藤原京

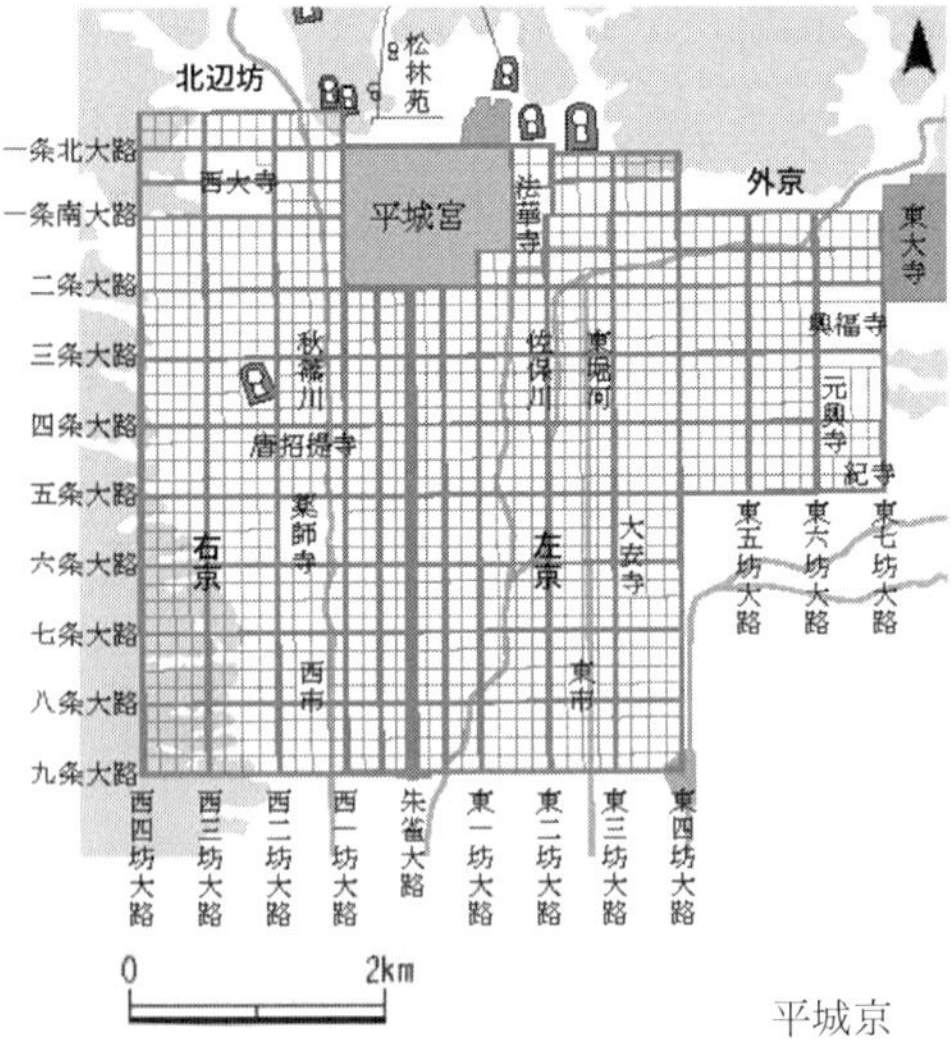

平城京

22 藤原京に外国の影響は見られますか？

藤原京には唐の影響が多く見られます。

藤原京は、※条坊制《じょうぼうせい》を日本で最初に取り入れた都ですが、この形は、古代中国の理想的な都の形を忠実に再現したものと考えられています。また、『大宝律令』などに見られる法律やさまざまな規則、そして医療、さらには生活習慣にも唐の影響を見ることができます。

藤原京の時代には、役人の身分の違いを分かりやすくするために、仕事をする時の服装が決められていました。唐にならったこの服装の決まりは、天武天皇が六八五年に定めたものを引き継いだもので、特に服の色で区別しています。服の色は、位階に応じて上位から黒紫（濃い紫）、赤紫（薄い紫）、深緋《あけ》（濃い赤）、浅緋（薄い赤）、深緑（濃い緑）、浅緑（薄い緑）、深縹《はなだ》（濃い藍色）、浅縹（薄い藍色）と決められ、役人ではない庶民は黄色、奴婢《ぬひ》は黒色でした。

礼の仕方も中国の方式を採用しました。日本古来の礼は、ひざまずいて両手を地面につける跪礼《ひざまずくいや》や、宮門の出入りの時に両手を地面につけ、足をかがめて進む匍匐礼《はういや》でしたが、中国にならって現在のように起立しておこなう立礼《たついや》に改めています。しかし、跪礼は卑弥呼《ひみこ》の時代から長くおこなわれてきた習慣でしたので、すぐには直らなかったようで、たびたび、跪礼は禁止されています。

病気になった時には漢方薬で治療していましたが、薬の種類や効き目、治療方法も中国の教科書を参考にしていました。病気や災厄《さいやく》を祓《はら》う方法としては、呪文《じゅもん》を唱えて悪気《あっき》を追い出すという中国にはない方法もおこなっていました。この時に使われた木簡《もっかん》には、「早く願いをかなえてください」という意味の「急々如律令《きゅうきゅうにょりつりょう》」と書かれたものがあります（142頁）。「急々如律令」は中国で始まった道教《どうきょう》で使う文言で、日本古来の祭祀の方法に中国の方式を加えたことがうかがえます。

〈藤原京の造営〉

23 藤原京の造営《ぞうえい》の始まりはいつでしたか？

※飛鳥浄御原宮《あすかきよみはらのみや》で政治をおこなっていた天武《てんむ》天皇が、新たな国づくりをめざして、天武五年（六七六）に新しい都を造ろうと計画したことが造営《ぞうえい》の始まりです。この時、都の名前は決まっていなかったようで、「新城《にいき》」と呼ばれました。

飛鳥の北、甘樫丘《あまかしのおか》や香具山《かぐやま》を隔てて北西方向の平野を建設場所と決めた天武天皇は、その中にある全ての田や畑の耕作を禁止し、建設に向けて第一歩を踏み出しました。ところが事情は分かりませんが、建設を途中で断念したことを『日本書紀《にほんしょき》』は伝えています。

いったん建設を断念した天武天皇ですが、都づくりの意志はとても強く、ほどなく建設を再開しました。六年後の天武一一年（六八二）には、最初に都をつくると決めた地域の地形をあらためて調べさせ、都づくりを進めてゆきます。そして、二年後の天武一三年（六八四）には天皇みずから建設が進む都に赴《おもむ》き、その進み具合を確認するとともに宮の位置と大きさを決定しました。ここで決定された宮が、藤原宮となります。再開後の建設は順調に進み、しだいに都の骨格が形作られる中、朱鳥《しゅちょう（あかみとり）》元年（六八六）天武天皇が亡くなられるという悲しい出来事が起こり、また も建設は中断してしまいます。

このような事態に直面しながらも、夫である天武天皇の遺志を受け継ぎ、次の天皇になられたお后《きさき》・持統《じとう》天皇は、数年の後に決意も新たに都の建設を再開させ、都の名も新城から「新益京《あらましのみやこ》」へと正式に定めました。この新益京が、今日私たちが慣れ親しんでいる「藤原京」です。そして、持統八年（六九四）に飛鳥から都を藤原京へと遷《うつ》すことを果たしました。

その一方で、藤原京の建設はその後も続き、一〇年後の慶雲元年（七〇四）にようやく完成し、ここに「初めて藤原宮（京）を定めた。」と高らかに宣言します。都の造営を始めてから二八年の年月《としつき》が流れていました。

24 藤原京は都として何年続きましたか？

律令国家を建設するという天武《てんむ》天皇の遺志は持統天皇に引き継がれ、日本最初の本格的な都である藤原京が造られました。持統八年（六九四）の藤原京への遷都《せんと》から、和銅三年（七一〇）の平城京への遷都まで、藤原京は結局一六年間という非常に短い期間で役割を終えたことになります。なぜこのように短命だったのでしょうか。この理由についてはいくつか考えられています。

まず、大宝元年（七〇一）に『大宝律令《たいほうりつりょう》』が完成すると、新しいしくみで政治がおこなわれるようになりました。役人の数も増え、役所などの整備も必要になったことから、藤原宮の改造が課題となったでしょう。また、全国から人や物資を集めるには各地に通じる交通網が重要です。しかし藤原京周辺には、物資を運ぶのに便利な大きな川がなく、周辺の道路も全国を効率的に結ぶものとしてはやや南に寄っていることから不便だったと考えられます。このように都としての機能を果たすには十分でなくなったのではないでしょうか。

また遣唐使《けんとうし》が再開されたことにより、唐の都長安《ちょうあん》は、宮殿が都の北端にあることが伝えられました。そうすると、宮殿が都の中心に位置する藤原京は、最新のスタイルと異なることが明らかになりました。地形的にも南が高く、天皇が住む場所が低いという藤原京の地形は、天皇が高い位置から南を向いて臣下を見下ろすべきだとする考え方に合致しないものでした。

たくさんの人々が集住した初めての本格的な都であったことから、それまでにないゴミの処理などの都市問題が、発生していた可能性も考えられています。さらに、当時の政治の実力者である※藤原不比等《ふじわらのふひと》らが、みずからの権力を確実とする新しい政治をおこなうための新都の計画推進を積極的に進めたことも想像されます。

最初の本格的な都づくりであったことから、こうしたさまざまな矛盾や問題が生まれ、それらを改善した新しい都の建設が必要とされたのでしょう。

25 藤原京がつくられる前はどのような土地でしたか？

藤原京がつくられる以前も、この地では人々の生活が営まれていました。畝傍山《うねびやま》の東麓に位置する橿原遺跡《かしはらいせき》（橿原市畝傍町・御坊町《ごぼうちょう》）は、縄文《じょうもん》時代終わりごろ（三〇〇〇年ほど前）の集落として西日本を代表する遺跡です。また、弥生《やよい》時代（二三〇〇～一七〇〇年ほど前）には耳成山《みみなしやま》の北東に、今日、坪井《つぼい》・大福《だいふく》遺跡（橿原市常盤町《ときわちょう》・桜井市大福）と呼ばれる大規模な環濠集落《かんごうしゅうらく》が営まれました。古墳時代の後半（一五〇〇年ほど前）からは、後の藤原京域に古墳や集落が多く見られるようになります。その中には朝鮮半島の影響を受けた渡来系の遺物が出土する遺跡も多く、後の飛鳥時代との関係が注目されています。

現在、藤原京内の大部分は市街地と水田が広がる広大な平坦地になっていますが、藤原京以前は、もう少し起伏の多い地形だったようです。そして藤原京の造営は、丘を削り、谷を埋め、平坦地をつくり出すという土地造成を広い範囲でおこない、その上でさらに縦横に走る条坊道路をめぐらせました。それまでの日本の歴史には見られない未曾有《みぞう》の大土木工事だったでしょう。

四条古墳（1号墳）全景（現在は奈良県立医科大学のグランド）

また藤原京の造成工事の際には、古墳などが破壊されたことも発掘調査によって明らかになっています。その一つの四条古墳群《※しじょう》（橿原市四条町《しじょう》）は、一〇基以上から構成される古墳群ですが、多くが墳丘《ふんきゅう》を削られ、濠《ほり》が埋め立てられました。藤原宮の南の日高山《ひだかやま》（橿原市上飛騨町《かみひだ》）では、朱雀大《すざく》路をつくるために丘陵が大幅に削られ、谷も埋められました。その際に古墳の墳丘は削られ、横穴《おうけつ》墓《ぼ》（丘の斜面に横穴を掘り、遺体を納める部屋をつくる墓）については、中に納められていた遺骸《いがい》や副葬《ふくそう》品《ひん》を片付けた上で、墓を埋め戻し、丁寧に改葬をおこなっていることが明らかになっています。『日《に》本書紀《ほんしょき》』に「掘りいだせる屍《しかばね》を収めしむ」という記事があるように、藤原京の造営に際し、古い墓に手を加える機会は多かったようです。

26 藤原京で一番大きかった建物は？

藤原京で一番大きかった建物は、藤原宮の中心建築であった※大極殿《だいごくでん》です。大極殿は、国家行事や儀式をおこなう際に天皇が出御《しゅつぎょ》する建物で、瓦葺《かわらぶき》の回廊で囲まれた東西一一五m、南北一五五mの区画の中にただ一棟建てられていました。

大極殿は南に向く東西方向の建物で※桁行《けたゆき》（正面）約四五m、梁行《はりゆき》（側面）約二一mの四面廂《しめんびさし》の建物でした。礎石の上に立つ柱と柱の間の数（柱間《はしらま》）は、桁行九間、梁行四間で、柱間の長さは正面と側面で異なり、正面は※身舎《もや》・廂《ひさし》ともに全て約五・一mであるのに対し、側面は身舎で約五・一m、廂で約五・四mとなっています。この建物は、高さ二一m以上の基壇の上に建てられ、基壇を含めた高さは二五m以上と考えられています。さらに屋根は瓦葺で、柱は朱塗《しゅぬ》りと、藤原宮の中でも特別な、荘厳《そうごん》な雰囲気の建物でした。

平成二二年（二〇一〇）には、平城宮跡に※第一次大極殿《だいいちじだいごくでん》が復元されました。この建物は、藤原宮大極殿が平城遷都の際に移築されたものと考えられているので、まさに藤原宮大極殿の姿と言えるのです。

復元された平城宮第一次大極殿

実は、藤原京には大極殿とほぼ同じ大きさの建物が他にもあります。それは大官大寺《だいかんだいじ》の金堂と講堂です。大官大寺は国家が建てたもっとも格の高い寺でした。この寺の金堂と講堂もまた、正面約四五m、側面約二一mという大きさでした。この点だけを見れば、藤原京には大極殿と同じ大きさの建物が他に二つはあり、大極殿は藤原京の中で一番大きい建物とは言えないと思うかもしれません。しかし、基壇の高さに注目すると、大官大寺では藤原宮大極殿よりも低く、金堂が約二m、講堂は約〇・六mと考えられています。そのため藤原宮大極殿は、藤原京で一番大きい建物と言えるのです。

27 建物の柱に使われた木の種類は？

これまでの発掘調査で出土した柱材の多くは針葉樹《しんようじゅ》で、中でもヒノキ（檜）がもっとも多く使われ、針葉樹のコウヤマキ（高野槙）も好まれたようです。山田寺跡（桜井市山田）で出土した飛鳥時代の回廊の柱（飛鳥資料館に展示中）には広葉樹《こうようじゅ》のクスノキ（楠）が使われました。ヒノキもコウヤマキも水に対する耐久性《たいきゅうせい》が比較的高く、また丸太材を縦割りにするにも比較的きれいに分割しやすいという特性が重宝《ちょうほう》されたようです。また、当時はヒノキやコウヤマキの大木が豊富に育っていたと思われます。

例えば藤原京の発掘で、地下水位の高い地域を調査すると、掘立柱建物などの柱穴から、柱材が腐ることなく当時のままに見つかることがよくあります。新鮮な地下水があり、また地上の空気から遮断《しゃだん》されて微生物が少ないという地中の環境が、腐食から柱材を一三〇〇年以上も守り続けたのです。発掘現場から持ち帰った柱材を考古学的に観察すると、当時の加工方法、使用された道具、大きさ、形状などが判明します。しかし木の種類は断定できません。

そこで着目したのが、木の種類とその細胞との関係です。木の種類が違えば、木材の細胞の特徴も違うことを手がかりとして、発掘調査で出土した木材の種類を調べることが考古学の中に取り入れられています。実際の作業は木材の専門家に依頼します。出土した柱材の細胞を柾《まさ》※目《め》・板目《いため》・木口《こぐち》という三方向から顕微鏡《けんびきょう》観察し、その細胞の特徴から木の種類が何であるのかを同定します。この調査方法は、木材の「樹種同定《じゅしゅどうてい》」と呼ばれ、今では考古学におけるごく一般的な調査方法となっています。

ヒノキ

コウヤマキ

28 使われた大工道具は？

寺院や宮殿をはじめとする木造建造物の建設には、木材加工のための大工道具が必要です。古代の大工道具には、斧《おの》（木を伐採する）・手斧《ちょうな》（材木の表面を平らにする）・鋸《のこぎり》（比較的小さな材木を切断する）・槍鉋《やりがんな》（材木の表面をもっとも丁寧に仕上げる）・鑿《のみ》（材木に穴を彫ったり、材木の木口《こぐち》面などを整えたりする）・錐《きり》（穴を開ける）・曲尺《まがりがね》（角度や対角長の√を含む長さを測る）・墨壺《すみつぼ》（材木に加工の基準線を引く）などがありました。現在と違うのは、大木を切断できる鋸がなかったことです（大木を切ることができる大きな鋸は鎌倉時代以後に一般化します）。その代わり、大木を分割する時には楔《くさび》という道具を木に打ち込み、木の性質を利用して縦割りしていました。

発掘調査で飛鳥時代の大工道具が見つかることは少ないのですが、石神《いしがみ》遺跡（明日香村飛鳥）から鋸、藤原宮から鑿・槍鉋、藤原京右京十条二坊（橿原《かしはら》市栄和《えいわ》町）などでは手斧が出土し、奈良時代の例としては平城宮出土の墨壺の他、正倉院宝物《しょうそういんほうもつ》にも墨壺や槍鉋などがあります。また実際の道具ではありませんが、鉄製の工具の製品見本である木製の「様《ためし》」が飛鳥池遺跡（明日香村飛鳥）から出土しています。

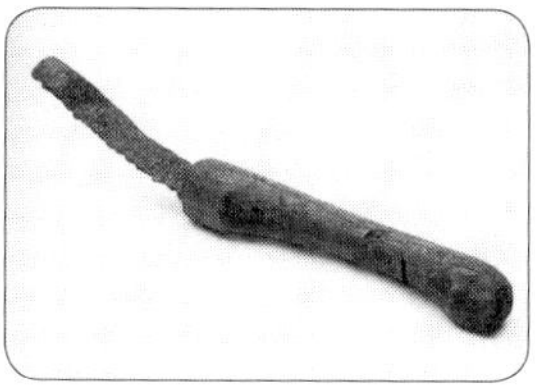

石神遺跡　鋸

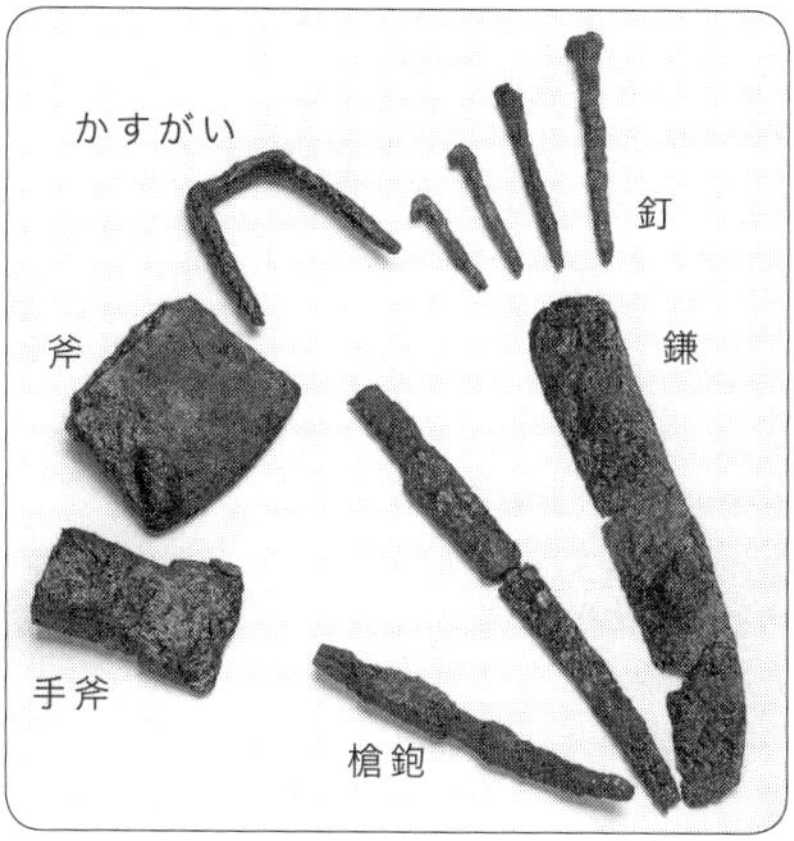

藤原宮　工具類

そして、これらの道具の存在が分かる物的証拠もあります。それは※法隆寺《ほうりゅうじ》西院《さいいん》伽《が》藍《らん》の金堂や五重塔などで、まさに今も使われている木材なのです。普段は建物を外から見るだけですが、昭和九年（一九三四）からの昭和の解体修理の時、木材に生々しい加工した痕跡が発見され、飛鳥時代の大工道具の存在が明らかにされたのです。また藤原京右京七条三坊（橿原市大久保町《おおくぼ》）から発見された藤原京の時代の井戸の木枠には、木材を切る時の目安として書かれた墨線が残っていました。近年、木造建造物の「内部公開」や「修復現場公開」の機会が増えています。木材加工の荒々しさと細《こま》やかな「匠《たくみ》の技」を、ぜひご覧下さい。

29 建物にはどのような色を使っていましたか？

藤原京の時代は、現在のように好きな色を自分の建物に勝手に使うことはできなかったようです。そもそも色の原材料である顔料《がんりょう》は貴重で、簡単に手に入れることはできません。そのため建物に色が使われたとしても身分の高い人に限られました。つまり、多くの建物は屋根も檜《ひ》皮《わだ》や板で葺いており、木や土の色である茶色を基本としたのでした。そうした中で、少ないながらも茶色以外に建物に使われていた色にはどのようなものがあったのでしょうか？

時代は少し新しいですが、『続日本紀《しょくにほんぎ》』神亀《じんぎ》元年（七二四）の記事から藤原京の時代の建物の色が分かります。ここでは、五位以上の貴族や裕福な庶民が住む建物を瓦葺《かわらぶき》にし、柱は赤色、壁は白色にすることが奨励されています。藤原京でこの色を証明するものはありませんが、難《なに》波宮《わのみや》からは白壁《しらかべ》の破片が出土しています。

また、藤原宮は寺院建築であった瓦葺礎石建物を初めて宮殿の主要建物に採用しました。そのため柱は赤色、窓枠は緑色、壁は白色であったと考えられます。イメージとしては、復興された奈良市西ノ京町の薬師寺金堂や西塔が近い色合いだったでしょう。さらに出土品の中には金銅製の飾《かざ》り金具《かなぐ》が見られます。これらは太陽光を浴びて部分的に金色に光っていたでしょう。屋根に葺かれた瓦については、藤原京の時代の瓦の色は、現在一般的な銀灰色ではなく、古代の須恵器《※すえき》と同じ灰色でした。また、屋根の先に葺かれる軒平瓦《のきひらがわら》の下に朱の痕跡が残ることから軒下には赤色が使われていたことが分かります。

このように藤原宮の建物には、赤・緑・白・金・灰色などが見られました。藤原京の時代は、建物に色を使用すること自体が珍しかったため、これだけでも人々には豪華で華麗な印象を与えたでしょう。

30 藤原宮に門はいくつありましたか?

藤原宮の周囲には大垣《おおがき》と呼ばれる幅五mの掘立柱の土塀が正方形にめぐっており、その東西南北の各面に三門ずつ合計十二の※宮城門《きゅうじょうもん》があったと推定されています。この十二門は、伝統的にそれぞれ門を守っていた氏族(門部)の姓を付けていたようです。これは平安時代に門の名称が唐風《とうふう》に変更されるまで続きました。藤原宮では、十二門全ての名称は明らかでありませんが、門名が記載された木簡の出土位置や『続日本紀《しょくにほんぎ》』の記事などから、東面は北から山部《やまべ》門・建部《たけるべ》門・小子部《ちいさこべ》門、西面は中央の佐伯《さえき》門、北面は西から海犬養《あまのいぬかい》門・猪使《いつかい》門・丹比《たじひ》門の七門の名称が明らかになっています。

これらの門の規模は、桁行《けたゆき》約二六m、梁行《はりゆき》約一〇mで、柱間は桁行五間、梁行二間、柱間の距離は全て約五・一mでした。どの門も規模が同じであることが藤原宮の特徴で、平城宮では正門である南面中央の朱雀《すざく》門だけが、他の門よりも規模が大きかったようです。

これらの門は藤原京の時代、※衛門府《えもんふ》という役所によって管理されており、個人の意思で自由に出入りすることはできませんでした。また、門は常に開放されていたわけではなく、夜は

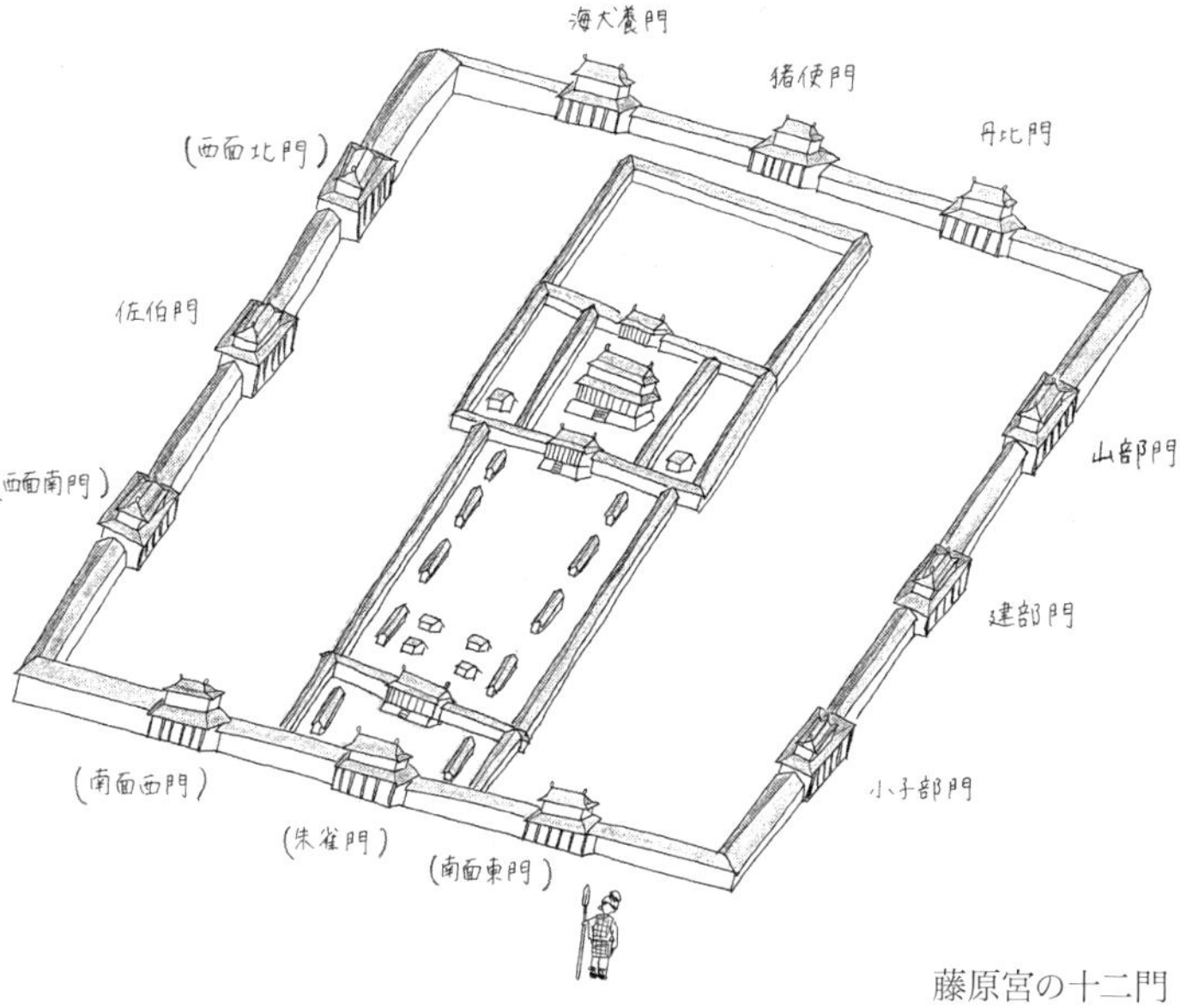

藤原宮の十二門

閉じられていたようです。この衛門府は、「山部《やまべ》」・「海犬甘《あまのいぬかい》」・「建部《たけるべ》」など門部の役人の可能性がある姓が記載された木簡や、門牓《もんぼう》制という藤原宮の門を通行するための手続きに関わる木簡が多く出土したことから、藤原京左京七条一坊（橿原《かしはら》市上飛騨《かみひだ》町）にあったと推定されています。

31 藤原宮の周りはどのようになっていましたか?

日本の都のモデルとなった中国の都の外周には、度重なる戦争に対する防御として羅城《らじょう》と呼ばれる堅固《けんご》な城壁《じょうへき》がつくられていました。またそのような城壁は、都の四辺だけではなく、内部の宮城や宅地にも設けられました。しかし藤原京や平城京などの日本の古代の都では、中国のような城壁がつくられることはなかったようです。堅固な城壁はつくられませんでしたが、平城京では左京の九条大路南辺で、中央部にあたる東一坊大路東側溝付近まで羅城と考えられる塀《へい》が確認されています。一方、藤原京では城壁も羅城も築かれることはなかったようですが、藤原宮の四方には大垣《おおがき》と呼ばれる瓦葺《かわらぶき》の掘立柱の土塀や濠《ほり》がつくられ宮内を厳しく守っていました。

大垣は、掘立柱塀で一辺が一・八mの柱掘方《ほりかた》（柱を立てるための穴）に直径〇・四〜〇・五mの柱を立て、柱は約二・九m間隔で一列に配置しています。そして柱と柱の間は土を塗りつけて土壁にしていました。藤原宮の大垣で使用していた柱を平城宮では、暗渠《あんきょ》（地下に掘られた給排水溝）として多数再利用しており、この存在から大垣は高さ約五・五mと推定されています。

藤原宮を囲む大垣の内と外には、濠が掘られており、大垣と濠の間には壖地《せんち》と呼ばれる何もない空間がありました。内濠《うちぼり》の大きさは幅約二・一mで、外濠《そとぼり》の大きさは幅が約五・三mですが、西面のみ約一〇・六mでした。

外濠の周囲には、なぜか遺構が全く検出されない幅六〇mほどの空間が四方にあって、あたかもだだっ広い外周道路がめぐっているようでした。この空間が何のために利用されたのかは現在定かではありません。この空間は、大垣内外の濠と同様に、平城京以降の都では見られない藤原宮特有の特徴です。

32 藤原京の外周や宅地の周りはどのようになっていましたか?

中国や朝鮮半島《ちょうせんはんとう》の都では、京の外周に羅城《らじょう》と呼ばれる城壁《じょうへき》を築き、自然の川や丘陵の近くに都を築くことで、京内を堅固に防御していました。例えば百済《くだら》の都泗沘《サビ》城（扶余《ふよ》）では、都の東と南は白馬江《ペクマガン》と呼ばれる川に面し、西と北に羅城を築いて防御していました。さらに周辺には山城《やまじろ》が存在し、都を何重にも堅固に防御していました。

藤原宮の外周には、大垣《おおがき》や濠《ほり》を築いていましたが、藤原京の外周には堅固な防御施設は築かれませんでした。これは、平城京・平安京へと続く日本の都の特徴の一つです。平城京になると九条の南端中央にある羅城門《※らじょうもん》の両脇に一部羅城と考えられる塀が築かれていましたが、その他の外周に羅城の痕跡は見つかっておらず、築かれなかったようです。また、この南側の羅城も防御のためというよりも、内外の人々に天皇の権威を見せつけるためだけのものと考えられ、防御には適していませんでした。

一方、藤原京では、役人の位に応じた広さの宅地《たくち》が与えられていました。この与えられた宅地の周囲は、発掘調査の結果、掘立柱塀で囲まれていたようです。この掘立柱塀に取り付く形で道路に開く門も確認されています。今までおこなわれてきた発掘調査で門の遺構は、一一例見つかっています。門の規模は宅地ごとに異なっていたようで桁行《けたゆき》二間以上、梁行《はりゆき》一間以上の独立した建物としてつくられており、宅地の広さに対応するような規格は見られません。また、門の設置場所として宅地のほぼ中央につくられた例もあります。これらの門は大路《おおじ》や条間路《じょうかんじ》・坊間路《ぼうかんじ》に関係なく開いていることから、必ずしも道路に向けて門を開かないといけないという規制はなかったようです。しかし、見つかっている一一例全てが、建物の正門であるという確証はなく、裏門や勝手口であった可能性もあるため確実ではありません。

33 方位はどのように決めましたか？

藤原京の時代は、造営以前からあった道路・星座・太陽などを利用して方位を決めていました。

まず、藤原京造営以前には、下ツ道《しもつみち》・中ツ道《なかつみち》・横大路などの基幹道路が奈良盆地には存在していました。これらの道路は、藤原京の条坊道路に組み込まれ、両者の方位のズレが共通することから、藤原京造営時の基準線として使用されたと考えられています。この基準線から星座や太陽を用いて測量し、他の条坊道路を設置していったのでしょう。

星座を用いる方法は、北極星《ほっきょくせい》・北斗七星《ほくとしちせい》などを使用していました。遺物でその証拠は残っていませんが、『日本書紀《にほんしょき》』・『続日本紀《しょくにほんぎ》』の記事や※飛鳥水落《みずおち》遺跡（明日香村飛鳥）の天智《てんぢ》天皇の時代の※漏刻《ろうこく》の存在から、天体観測の方法をすでに知っていたようです。

太陽を用いる方法は影を使用します。まずは地面に棒を立てて、それを中心に円を描きます。そして日の出と日の入りの時、円と棒の先の影が重なった点をつなげると、それが東西の線になります。次にこの東西の線を利用し、現在では三平方の定理と呼ばれていますが、辺の長さが三：四：五の直角三角形を利用し南北を決めていきます。

また他に、珍しい事例として『日本書紀』の斉明四年（六五八）、天智五年（六六六）の記事には、指南車《しなんしゃ》（磁石を利用して常に南を指す仕掛けを備えた車）のことが記されています。

では、これらの測量技術をどのように活用したのでしょうか。これは藤原京の各道路の両脇にある側溝《そっこう》を測量の成果、つまりは線引きとして掘っていたのではないかと考えられています。測量の成果を溝として最初に掘っておけば、周囲の排水にも利用することができ、便利だったと推測されます。

江戸時代の『和漢三才圖會』（寺島良安著）に見る指南車

34 木材や石材はどこから運ばれて来ましたか？

藤原京の建物に使われた木材はもちろん、石材も簡単に手に入るものばかりではなく、遠くから運ばれる場合がありました。運搬に苦労することがあっても、加工しやすい特性が重視されたようです。

例えば※凝灰岩《ぎょうかいがん》という石材は、比較的軟らかいことから加工しやすい特性があり、建物の基壇《きだん》を飾ることに利用されました。その凝灰岩が産出するのは大阪と奈良の府県境にある二上山《にじょうさん》付近ですので、藤原京までは直線距離で約一五㎞あります。また流紋岩質溶結凝灰岩《りゅうもんがんしつようけつぎょうかいがん》（榛原石《はいばらいし》）は板状に割れる特性が重宝されたようで、藤原京の各地で利用されました。この石材が産出するのは奈良県宇陀市で、藤原京までは直線距離で約二〇㎞あります。

また藤原宮の建設に使われた木材の産地を知るヒントは、『万葉集《まんようしゅう》』（巻一―五〇）に記されています。それは藤原宮建設のために労働者として集められた人たちが詠んだ歌で、木材運搬ルートが記されています。それによると、現在の滋賀県大津市にある田上山《たなかみやま》で木を切り、筏《いかだ》を組んで宇治川に流すことで木を運んだようです。その後淀川との合流点から木津川をさかのぼり、

藤原京と木材、石材の産地

京都府木津川市付近からは陸路で奈良山を越えた後、佐保《さほ》川や寺川・米《よね》川などを経由して藤原京へ運ばれたと思われます。藤原宮の造営に使われた幅六〜九m、深さ二mの運河跡からは、荷車を引く牛の首に装着する部品である軛《くびき》も出土していますので、運搬作業には牛の力も利用したのでしょう（Q92）。

　また明日香村にある飛鳥宮跡の発掘で確認された建物跡では、当時の柱を抜き取って持ち出したことが判明しています。おそらく、藤原京遷都に際して、まだ使える柱はもちろん、建物そのものが藤原宮・京へ移築されたと思われます。

35 藤原京内を流れる川は、運河に利用されましたか？

藤原京の中央には、現在飛鳥川と米川《よね》、北東には寺川、南西には高取川が流れています。これらの川は、磯城《しき》郡川西町の北側付近で合流して大和川となり、大阪湾に流れ込みます。

また発掘調査では、※大極殿《だいごくでん》の北側や南側で藤原宮の造営時に埋められた幅六〜九m、深さ二mの南北方向の大きな人工の川が確認されています。この川はさらに真っ直ぐ北に延びて、米川につながったと推測されています。さらに、西二坊大路（下ツ道《しもつみち》）東側溝《そっこう》のように、六条大路付近では幅一〇mほどと通常の道路側溝より格段に規模の大きい例も知られています。これらは道路などの排水路という役割の他に別の目的を持っていたと考えられます。

その目的とは何でしょうか。実は、藤原京造営のための資材や物資を運ぶための運河《うんが》としての役割が考えられているのです。また米川の流れが、横大路や下ッ道に沿うように直線的に付け替えられているのも、道路から縄で舟を引くなど輸送に便利であったからとも考えられています。木材を陸上で運ぶのは大変で、筏《いかだ》で運ぶ方が簡単と言えます。その具体的な様子はQ34で述べました。

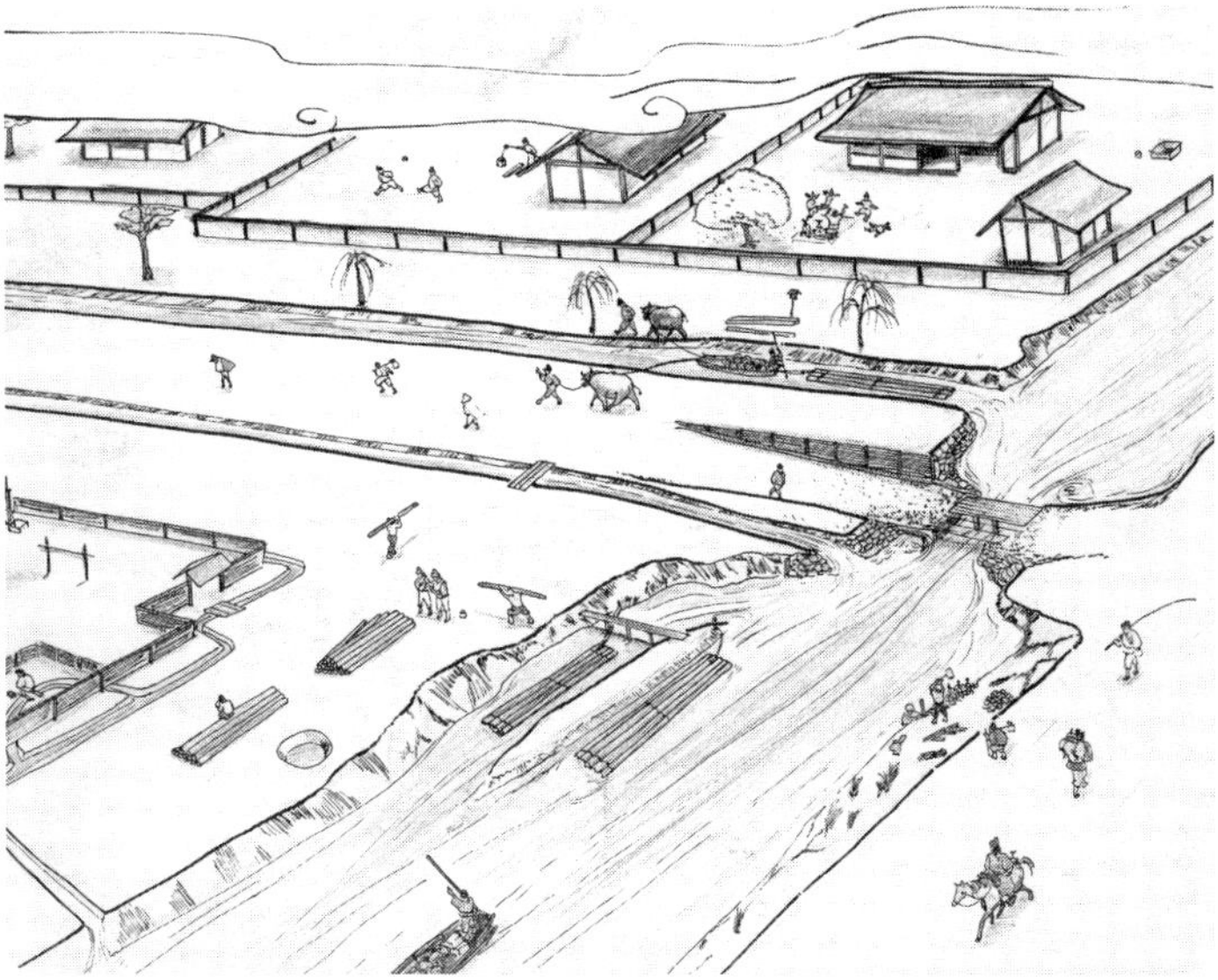

運河の様子

川や運河は、京内の市（市場）に物資を運ぶことにも使われました。市には市を守る神や仏がまつられており、平安京では市杵島姫命《いちきしまひめのみこと》がまつられていました。平城京の東市では市杵島姫命との関連が推測される姫寺が近くに所在し、東西の市の推定地に隣接して運河も掘られています。藤原京においても現在、米川と横大路・中ツ道が交わるところと米川と下ツ道が接近するところの近くに市杵島神社（橿原《かしはら》市石原田《いしはらだ》町と新賀《しんが》町）がまつられています。これらの神社が藤原京の時代にまでさかのぼるかは疑問ですが、近くに市があり、米川が運河としての性格を持っていた可能性を想像させます。

36 建物の屋根には瓦が葺《ふ》かれましたか?

藤原宮では、大極殿《だいごくでん》・※朝堂院《ちょうどういん》、そして宮の周囲にある※宮城門《きゅうじょうもん》と大垣《おおがき》からは、発掘調査によって多量の瓦が出土しています。したがって、それらの屋根に瓦が葺かれていたのは確実です。実は日本の宮殿に「瓦葺屋根」と「礎石建物」(※礎石《そせき》の上に柱を立てた建物で、瓦の重さに耐えられる)という二つの要素を合わせた「瓦葺礎石建物」を採用したのは藤原宮が最初です。平安時代に書かれた歴史書『※扶桑略記《ふそうりゃっき》』にも、持統《じとう》天皇の時代に「官舎《かんしゃ》始めて瓦を以《もっ》て之《これ》を葺《ふ》く」と記されています。文献史料の記述と考古学的な発掘成果が合致しました。しかし藤原宮内でさまざまな役所があったと推定される官衙《かんが》地区では、ほとんど瓦が出土せず、礎石建物も確認されていません。

藤原京内には本薬師寺《もとやくしじ》・大官大寺《だいかんだいじ》・紀寺《きでら》(小山《こやま》廃寺)などの寺院があり、それらの金堂・講堂・塔・中門・回廊などの発掘調査では多量の瓦が出土しています。ところが京内の貴族の宅地からはほとんど瓦が出土しません。このことから藤原京内では、※七堂伽藍《しちどうがらん》を備えた寺院の中心建物の屋根に限って瓦が葺かれていたと考えられます。

藤原宮　軒平瓦

藤原宮　軒丸瓦

日本では飛鳥時代から多くの寺院に瓦葺礎石建物が採用されていました。藤原宮に瓦葺礎石建物が採用されたのは、藤原京への※条坊《じょうぼう》制《せい》の採用とともに、国内よりもむしろ対外的に国家の権威を高めることを意識して、中国の唐に追いつこうとしたからではないでしょうか。

　現在までの発掘調査成果では、藤原宮の内《だい》裏《り》地区に瓦葺建物の存在する可能性は低いと推定されています。内裏とは天皇の私的な生活空間ですから、仏教とともに日本へ伝えられた外来文化である瓦葺礎石建物が、その内裏に建てられなかったのは、古代日本や天皇のアイデンティティーにも関わる興味深い問題です。

37 藤原京で葺かれた瓦は一枚何kgありましたか？

藤原宮をはじめ、藤原京内でよく出土する瓦には、丸瓦・平瓦・軒丸瓦《のきまるがわら》・軒平瓦《のきひらがわら》があります。それらが完全な形のままで出土することはめったにありませんが、通常丸瓦は四kg前後、平瓦は五～六kg、軒丸瓦・軒平瓦は六～七kg前後の重さがあります。また瓦の中でもっとも大きく、重いものに鴟尾《しび》があります。鴟尾は、瓦葺屋根の一番上（大棟《おおむね》）の両端を跳《は》ね上がる形に見せるために飾られた道具瓦です。藤原京内では、橿原《かしはら》市和田《わだ》町にある和田廃寺《わだはいじ》から出土したものが全体のよく分かる例として知られています（飛鳥資料館に展示）。この鴟尾は高さ一二七cmもあり、重さは一〇〇kgを越えます。復元された平城宮朱雀門の場合ですと、金銅製《こんどうせい》の鴟尾が使われていますので金色に輝いています。どの瓦も現代の民家用の数倍～数十倍の重さがあり、とても片手で軽々と持てる重さではありません。

このように重い古代の瓦は、大極殿《だいごくでん》では約一〇万枚、藤原宮全体では約一五〇万～二〇〇万枚という総数が使用されたと考えられています。生産地から藤原宮まで瓦を運ぶ作業に加えて、瓦を一枚ずつ屋根に葺く作業は、本当に重労働でした。

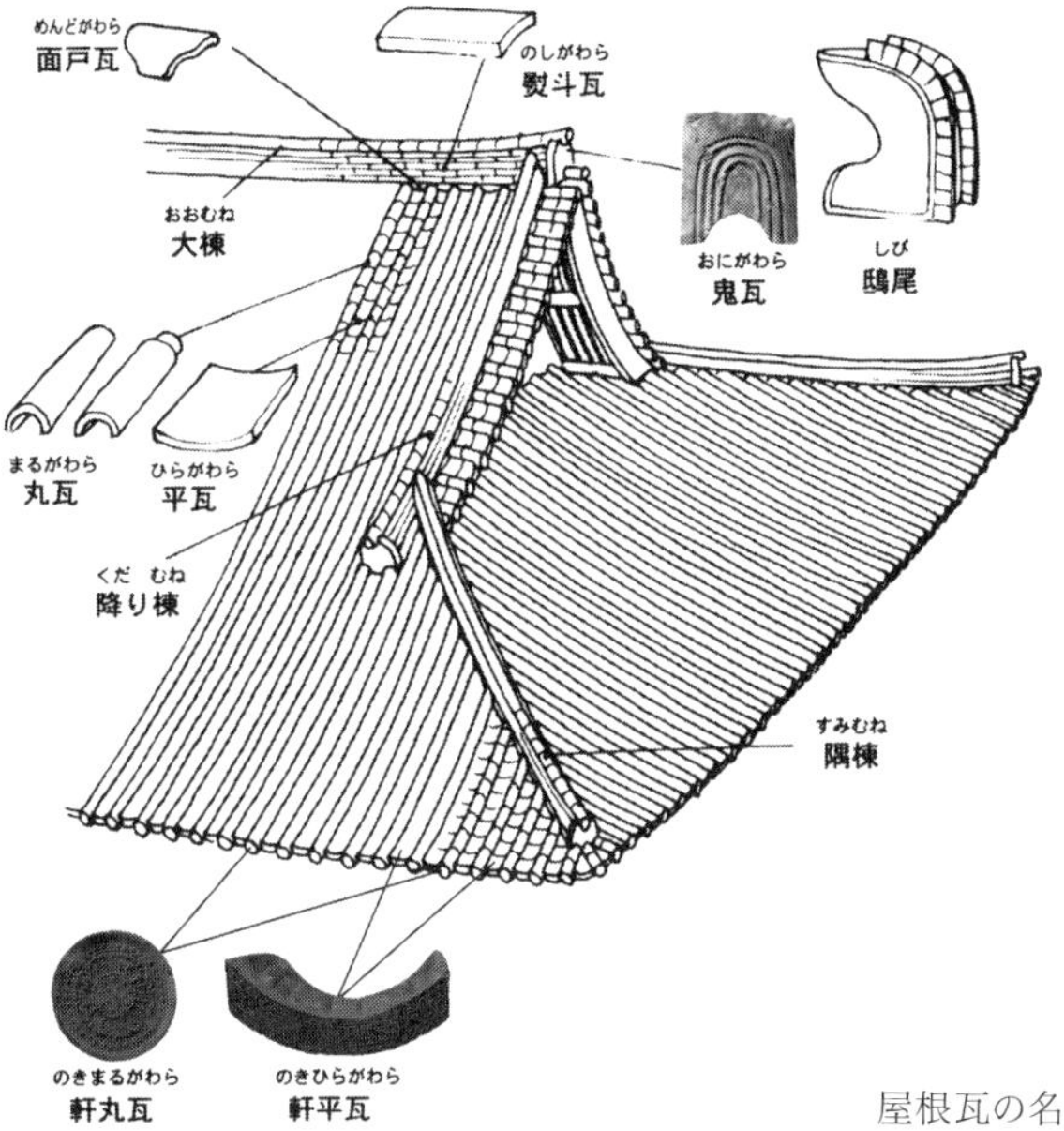

屋根瓦の名称

橿原市にある奈良文化財研究所藤原宮跡資料室や奈良県立橿原考古学研究所附属博物館で複製された古代の瓦を手にすれば、藤原京の造営作業の大変さがズシリと感じられるのではないでしょうか。瓦葺の作業に従事する人にとって、それは名実ともに「片手間」でできる仕事ではなかったと思われます。

38 瓦はどこでつくられましたか？

藤原宮で使われた瓦については、同じ型（笵《はん》）でつくられた軒丸瓦《のきまるがわら》や軒平瓦《のきひらがわら》が使われた地域、それぞれの瓦の焼きの具合や土の質の特徴などから生産地や瓦を焼いた窯《かま》（瓦窯《がよう》）が明らかになっています。

瓦の産地は大きくは、奈良県内とそれ以外に分かれます。県外でもっとも遠いところは香川県西部の宗吉《むねよし》瓦窯（三豊《みとよ》市三野《みの》町）で、次に兵庫県淡路島の土生寺《どうじょうじ》瓦窯（洲本《すもと》市大野《おおの》）がありま す。具体的な場所は分かりませんが、大阪府南部の和泉《いずみ》地域や滋賀県でも生産されたことが推定されています。また、県内では高台《こうだい》・峰寺《みねでら》瓦窯（高取《たかとり》町市尾《いちお》・御所《ごせ》市今住《いまずみ》）、牧代《まきだい》瓦窯（五條《ごじょう》市牧《まき》町）、日高山《ひだかやま》瓦窯（橿原《かしはら》市上飛驒《かみひだ》町）、三堂山《さんどうやま》瓦窯（同南浦《みなみうら》町）、久米《くめ》瓦窯（同久米町）、西田中《にしたなか》瓦窯（大和郡山《やまとこおりやま》市西田中《にしたなか》町）、内山《うちやま》瓦窯（同）、安養寺《あんようじ》瓦窯（生駒《いこま》郡平群《へぐり》町下垣内《しもがいと》）が知られています。

それぞれの瓦窯は、山の斜面に合わせて穴を掘り、瓦を置く段として床が階段状に上る登窯《のぼりがま》という従来のものや、床面が平坦な平窯《ひらがま》という最新式のものがありました。

また瓦について興味深いのは、藤原宮では周辺の大垣ではやや古いタイプの瓦が使われ、※大《だい》極殿《ごくでん》や※朝堂院《ちょうどういん》といった中心建物では新しいタイプの瓦が使われていることです。これと産地を考え合わせると古いタイプのものは奈良県外の瓦窯で、新しいタイプのものは奈良県内の瓦窯でつくられています。このことから、当初は遠くても瓦づくりの伝統がある場所に発注していましたが、しだいに技術の進歩や運送の便利さなどを考えて奈良県内に新たに瓦窯を築くようになったと考えられています。ちなみに後の平城宮では、奈良市の歌姫《うたひめ》瓦窯（歌姫町）・中山瓦窯（中山町）など北側の丘陵で集中的に生産がおこなわれました。

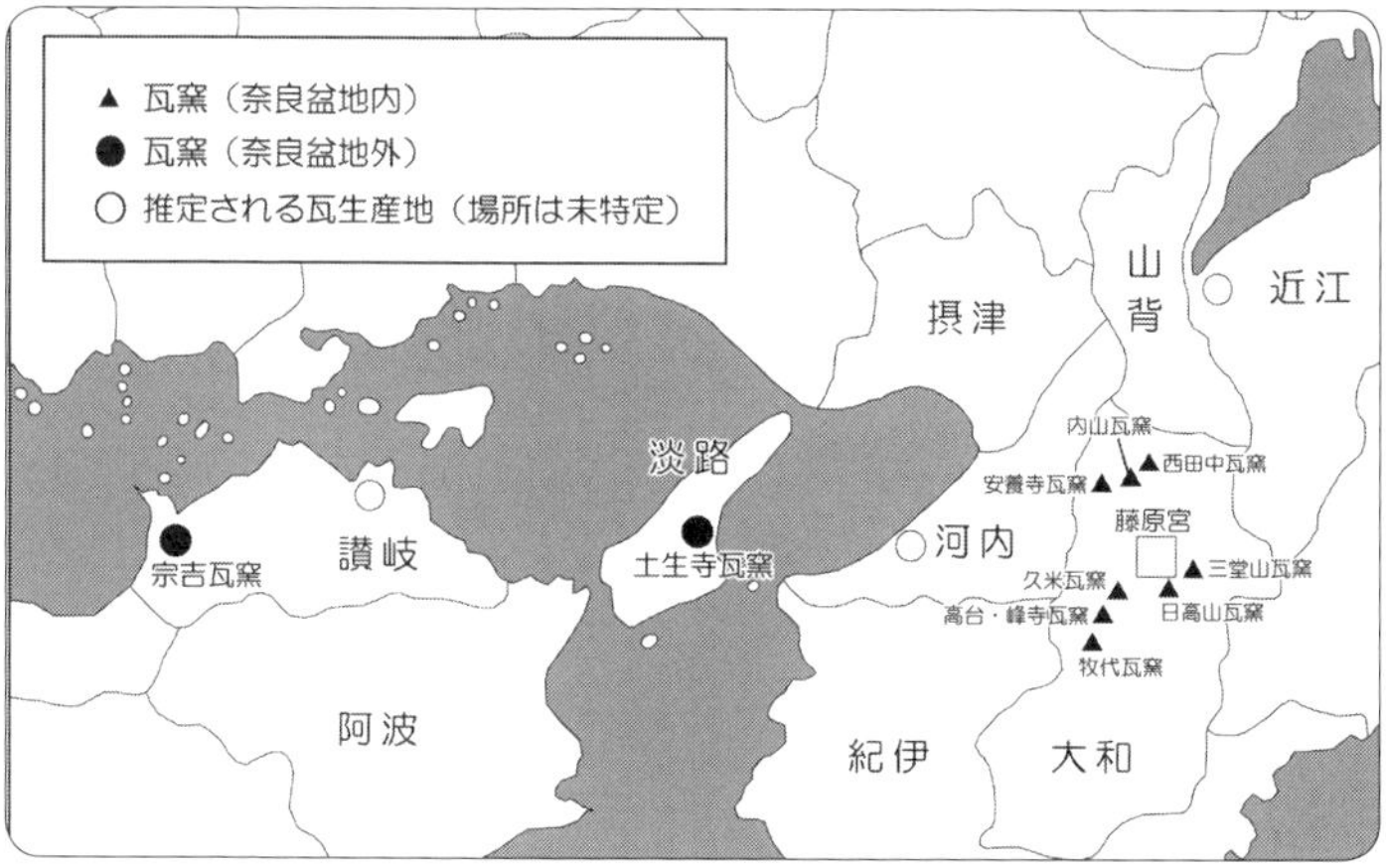

藤原宮の瓦生産地

39 瓦のつくり方に特徴はありましたか？

日本の古代の平瓦は、桶巻《おけま》きづくりと言うつくり方をしています。それは、まず細長い板を横にとじてスダレ状にします。これを、伏せたバケツのように円形に組み合わせて置きます（これを桶と言います）。この桶に布をかぶせ、さらに幅広く長い粘土の板を巻き付けます。その外側を、格子《こうし》を刻《きざ》んだり、縄を巻き付けた板でよくたたきしめ、焼く時に割れないように粘土中の水分や空気を外に出します。その後、桶をくずしてはずすと粘土の円い筒ができますが、これを縦に基本的に四分割すると四枚の平瓦ができるというものです。あとは乾燥させて窯で焼くだけです。丸瓦は桶ではなく、丸い棒状の木材に粘土板を巻き付け、最後に二分割するという点が異なります。

以上が通常のつくり方なのですが、藤原宮の丸瓦や平瓦は少し異なっています。それは桶に幅の広い粘土の板を巻き付けるのではなく、紐《ひも》状の幅の狭い粘土を何重かに巻き上げています。大きな粘土板をつくるのには多大な労力が必要ですが、粘土紐程度なら比較的簡単と言えます。また、粘土紐は土器づくりに使われた技術でもあります。藤原宮を瓦葺にするということ

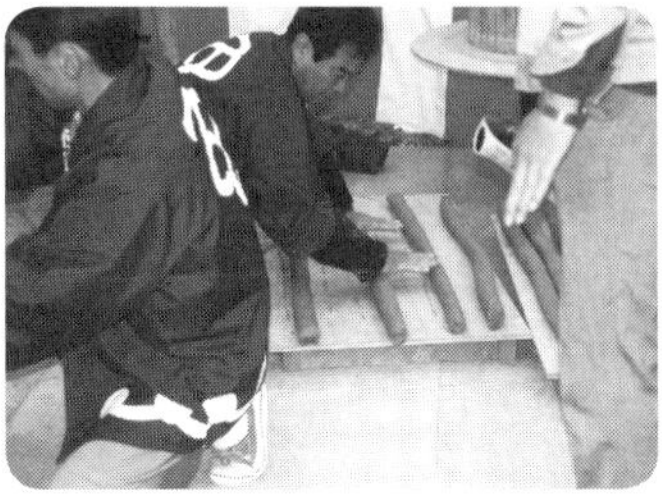
① 粘土紐の準備

② 粘土紐を桶に巻く

③ 凸面に縄叩き調整

④ 桶の乾燥

瓦づくりの実演（山本瓦工業による）

は、これまでにない多量の瓦が必要でした。このため、それまでの瓦づくりの技術者だけでは製作が追いつかず、従来の土器づくりの技術者も投入されたのでしょう。奈良時代以降になると、平瓦は一枚一枚かまぼこのような瓦づくりの型台に粘土を当ててつくられるようになります。この方が手間のようですが、桶巻きづくりに比べて熟練した技術を必要としない点が重視されたのでしょう。

このように藤原宮の瓦づくりは、粘土板から粘土紐桶巻きづくりへ、そして粘土板一枚づくりへと大量生産にむけて変遷してゆく日本の瓦づくりにおける技術の変換点であったと言えましょう。

〈藤原京の有名人〉

40 藤原京で活躍した人は？

藤原京で活躍した人を並べると、『大宝律令《たいほうりつりょう》』の作成に関わった※忍壁皇子《おさかべのみこ》や※藤原不比等《ふじわらのふひと》、三〇年以上ぶりの遣唐使として派遣された※粟田真人《あわたのまひと》などが挙げられます。しかしここでは、藤原不比等に注目します。

藤原不比等は藤原京に遷都した当時はまだ高い身分ではありませんでしたが、文武元年（六九七）に娘の宮子《みやこ》が文武《もんむ》天皇と結婚したことで急速にその力を伸ばしました。そして和銅元年（七〇八）には右大臣にまで昇進しました。その後、平城京遷都の後も権力者として、※長屋王《ながやおう》らとともにその存在感を示しました。

この藤原不比等が、昇進によってどれくらい給料が変わったのかを見てみましょう。持統三年（六八九）には直広肆《じきこうし》（『大宝律令』の従五位下《じゅごいげ》に当たる）という地位でしたが、最後には右大臣となっています。藤原京の時代はお金でなく、布などの現物支給で給料をもらっていました。そのため正確に金額に換算することは難しいのですが、仮に藤原京でも平城京と同じような給与体系だったとした場合、奈良時代の給料表（養老律令の※禄令《ろくりょう》　給季禄条《きゅうきろくじょう》他）を参考にして、この地位の給料をお金に換算してみると、一万二二五〇文《もん》から三〇万九〇七〇文と、給料が約二五倍になったことが分かります。ちなみに一文（和同開珎《わどうかいちん》銅銭一枚）で米一・八kgを買えたと考えられていますから、相当な収入だったといえます。

さらに国から与えられた宅地も広くなりました。『日本書紀《にほんしょき》』持統五年（六九一）の記事を参考にすると、宅地は一町から四町と四倍の広さになったと考えられます。この通りに宅地を与えられていたとすれば、その広さは約二四五m四方、六万㎡に及んだと考えられます。

藤原京の時代は、現在よりも身分による格差が大きかった時代ですが、それにしても格差の大きさには驚きます。

41 藤原京で活躍した歌人は？

藤原京の時代に活躍した歌人としては、※柿本人麻呂《かきのもとのひとまろ》が挙げられます。

柿本人麻呂は、『万葉集《まんようしゅう》』のみならず、日本文学史をも代表する歌人と言えます。平安時代に選ばれた※三十六歌仙《さんじゅうろっかせん》では最初の一人とされ、歌聖《かせい》と称《たた》えられています。詠んだとされる歌は『万葉集』に約八〇首、『柿本人麻呂歌集』に約三七〇首と膨大《ぼうだい》な数になります（ただしこの中には別の作者の歌も混ざっていると考えられています）。歌の内容は多岐《たき》にわたり、天皇・皇族をたたえた歌や、天皇の※行幸《ぎょうこう》に付き従った際の歌、恋や旅の歌もあります。もっとも多く歌を詠んだのは持統《じとう》天皇の頃で、皇太子である草壁皇子《くさかべのみこ》が亡くなった時も挽歌《ばんか》を詠んでいます。また古くからの歌謡（節《ふし》をつけて歌う詩歌）の伝統と、新たに中国から伝わった漢詩《かんし》を統合したとも評価されています。

歌人としての評価は古くから非常に高いものの、その生涯について詳しいことはほとんど分かっていません。役人としての地位が低かったこともあり『日本書紀《にほんしょき》』などには記されず、残されている歌とそれに付随する注釈などから人物像がうかがえるだけなのです。七世紀中頃に

壁画「阿騎野の朝」（中山正實画伯作）

生まれ、平城遷都の頃には亡くなっていたのではないかと推測されていますが、詳しい生没年は不明です。

『万葉集』がつくられた頃にはすでに特別な存在であったようですが、その後さらに神格化されていきます。各地に柿本人麻呂をまつった神社があるのはそのためです。藤原京の範囲にも現在、人《ひと》麿《まろ》神社（橿原《かしはら》市地黄《じおう》町）があります。室町時代初期に建立された本殿は、国の重要文化財に指定され、奈良県指定の※無形民俗文化財《むけいみんぞくぶんかざい》であるススツケ祭りが毎年五月四日におこなわれる舞台としても有名です。

42 藤原京で生まれて、平城京で活躍した天皇は？

それは、※聖武《しょうむ》天皇です。聖武天皇は、都が藤原京に遷《うつ》ってから六年後の大宝元年（七〇一）に生まれました。父は文武《もんむ》天皇、母は藤原不比等《ふじわらのふひと》の娘の宮子《みやこ》です。

聖武天皇の生まれた大宝元年は、『大宝律令《たいほうりつりょう》』の完成した年です。『大宝律令』は、日本で初めてつくられた本格的な法律で、この新しい法律をもとに、新しい国づくりが始まりました。聖武天皇は、新しくつくられていく国とともに成長され、九歳の頃に、祖母の元明《げんめい》天皇によって平城京への遷都《せんと》がおこなわれました。

聖武天皇は、神亀《じんぎ》元年（七二四）に天皇として即位します。天平《てんぴょう》一二年（七四〇）に起きた※藤原広嗣《ふじわらのひろつぐ》の乱の時には、聖武天皇は平城京を離れ、新しく※恭仁京《くにきょう》（京都府木津川市）、※紫香楽宮《しがらきのみや》（滋賀県甲賀市）を造り、※難波宮《なにわのみや》（大阪市中央区）へも遷るなど、遷都をくり返します。天平一七年（七四五）五月にはようやく平城京へ戻られます。この間に、全国に※国分寺《こくぶんじ》と国分尼寺《こんぶんにじ》を建てることを決め、平城京に全国の国分寺の頂点に立つ総国分寺として東大寺を、総国分尼寺として法華寺《ほっけじ》を建立しました。東大寺にある大仏をつくったのも聖武天皇です。

「赤漆文欟木御厨子《せきしつぶんかんぼくのおずし》」など、聖武天皇が使用した品々は天皇が亡くなった後、妻である光明《こうみょう》皇后《こうごう》によって東大寺に献納《けんのう》され、正倉院に納められました（Q82参照）。

四聖御影《ししょうのみえ》（南北朝時代）
聖武天皇（左上）と菩提僊那《ぼだいせんな》（右上）、行基《ぎょうき》（右下）、良弁《ろうべん》（左下）

43 藤原京で生まれて、平城京で活躍した人は？

それは、※藤原仲麻呂《ふじわらのなかまろ》です。仲麻呂は、慶雲《けいうん》三年（七〇六）に生まれました。父は藤原不比等《ふじわらのふひと》の長男の武智麻呂《むちまろ》です。平城京に都が遷ったのは、仲麻呂が四歳の時でした。

仲麻呂は天平一二年（七四〇）頃から平城京の政界で活躍するようになります。天平勝宝元年（七四九）には、光明皇后《こうみょうこうごう》の宮の仕事をおこなう※紫微中台《しびちゅうだい》の長官となり、天平宝字《てんぴょうほうじ》元年（七五七）には、軍事権をも持つ紫微内相《しびないそう》になっています。さらに、同四年（七六〇）には、太政大《だじょうだい》臣《じん》に、その二年後には正一位《しょういちい》という最高の位につき、大きな権力を持ちました。軍事力を掌握した仲麻呂は、東北地方に勢力を広げるために秋田城（秋田県秋田市）や多賀城（宮城県多賀城市）を整備するとともに、朝鮮半島の新羅《しらぎ》を攻撃する計画を立てたりもします。

仲麻呂の邸宅は「田村第《たむらのだい》」と言われました。天平勝宝《てんぴょうしょうほう》四年（七五二）に東大寺の大仏が完成して開眼会《かいげんえ》がおこなわれた後に、孝謙《こうけん》天皇が行幸《ぎょうこう》しています。また、田村第には、後に淳仁《じゅんにん》天皇となる大炊王《おおいおう》が住んでいました。これらのことから、田村第には、大きくて立派な建物がたくさん立ち並んでいたことがうかがえます。

　この田村第は、平城京左京四条二坊（奈良市四条大路）の東半分にあったと考えられています。その広さは約一四haで、甲子園球場のグラウンドの約一〇倍もあります。しかしこの地域の発掘調査は少なく、田村第であった確実な証拠は見つかっていません。仲麻呂が活躍した頃につくられた大型の礎石建物や掘立柱建物の一部などが見つかっているだけです。今後の調査が期待されます。

44 藤原京と藤原氏の関係は？

藤原氏と関係があるかどうかは、はっきりとは分かりませんし、関係ない可能性も大いにあります。Q1で触れたように「藤原宮」の名前の由来についてみると、『万葉集《まんようしゅう》』巻一―五〇の「藤原宮の役民の作る歌」には「藤原」という地名が詠《よ》まれ、巻一―五二の「藤原宮の御井《みい》の歌」に詠まれた井戸のあった場所は「藤井ヶ原《ふじいがはら》」と呼ばれています。藤原宮の名は、このような地名に由来し、氏族名ではないとするのが有力な説です。

しかし、ここでは氏族名と関係があるという立場で考えてみることとします。「藤原」、「藤井ヶ原」という地名は、飛鳥の「大原」（現在の明日香村小原《おうはら》）の別称であることが、江戸時代の地誌である『大和志《やまとし》』には記されています。「大原」は※中大兄皇子《なかのおおえのおうじ》（後の※天智天皇《てんちてんのう》）とともに※大化《たいか》の改新《かいしん》をおこなった※中臣鎌足《なかとみのかまたり》（後の※藤原鎌足《ふじわらのかまたり》）が生まれ、住んでいた場所との伝承が現在まで伝えられています。そして藤原氏の氏族名は、この別称に由来するとも考えられています。

持統天皇の皇子で皇太子であった草壁皇子《くさかべのみこ》は、若くして亡くなるので、高市皇子《たけちのみこ》など他の皇子たちとともに天皇を支えたのは、藤原不比等《ふじわらのふひと》です。藤原京への遷都《せんと》や『大宝律令《たいほうりつりょう》』などの政策は、まさにこの藤原不比等によって積極的に推進されたのです。飛鳥の「藤原」の地は、中臣鎌足の息子である藤原不比等にもゆかりがあると考えられ、この「藤原」、「藤井ヶ原」の地名を、後の藤原宮の地に移したと考える意見もあります。それは持統天皇と藤原不比等との協力関係を象徴し、「藤原宮の御井の歌」は、それを賛美した歌なのです。そういったことから藤原宮の名前に藤原氏が関係しているのではないかとも想像できるのです。

〈藤原京と平城京〉

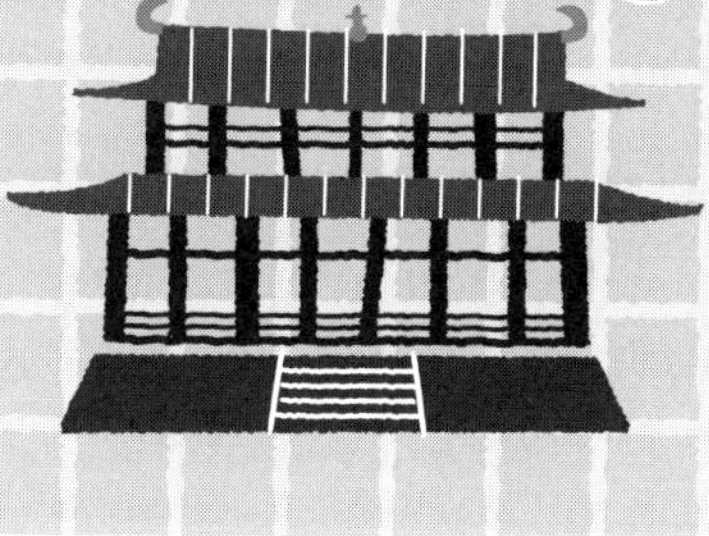

45 藤原京と平城京は規模や形は違いましたか？

Q9で見たように藤原京の形は正方形で、規模は東西、南北とも約五・三㎞と考えられています。一方、平城京は南北約四・八㎞、東西約四・三㎞の長方形を基本に、張出として東辺の北側に南北約一・八㎞、東西約一・六㎞の外京《げきょう》、北辺の西側に南北約〇・三㎞、東西約一・六㎞の北辺坊《ほくへんぼう》を持つという形でした（68頁）。また、最近の調査ではさらに左京の南側に一条分の張出も発見されており、この部分を藤原京の十条のなごりと考える意見もあります。この部分を平城京の範囲に含むかは議論が分かれていますが、それを除いたそれぞれの面積は、藤原京は約二八㎢、平城京は約二四㎢となります。藤原京の方が広いと言えますが、実際はどうだったのか、それぞれの地形から考えてみます。

藤原京は、宮が京の中心に位置するという都の理想的な姿をあらわしたものと考えられています。しかし実際には、南辺や東南部分のほとんどが丘陵地にかかり、この部分は実際に居住することはできません。この使用されない藤原京の東南部分を省略した形が平城京であるという意見もあるくらいです。また、南東から北西に向かって低くなるという地形は、天皇が南面して臣下を見下ろすという都城の理想とは異なると言えましょう。

平城京の形は藤原京のような正方形ではありませんが、右京の三、四坊の一部が西ノ京丘陵にかかる他は、ほぼ平坦地に位置しており、京の範囲の多くが居住地として有効に利用できたと考えられます。また地形として北が高く、南に向かって低くなるという点は、都としては理想的と言えます。

このように見ると、見かけ上の面積と実際に利用された面積には明らかに差があると考えられ、単純に藤原京の方が広いとは言えないでしょう。また、両者はその平面形とともに立地する地形も大きく異なると言えましょう。

46 宮殿は、どうして都の中心に位置したのですか？

藤原京についての研究が始まった当初から、宮殿が都の中心に位置するとは考えられていませんでした。Q13で述べたように、長く有力であった※岸俊男《きしとしお》氏による復元案では、藤原宮は二条大路から六条大路、東二坊大路から西二坊大路の間に位置しており、北端でも中心でもありませんでした。そして宮の北側の二条分は、周辺の出土木簡の内容や「テンヤク」という土地名から宮に付属する苑池《えんち》や薬園が想定されていました。

その後調査が進むにつれて岸氏の復元案より外側からも、条坊の道路が次々と見つかり、藤原京が従来よりも大きくなることが分かりました。現在の復元案は、南北十条・東西十坊の条坊を備え、藤原宮は四条大路から六条大路、東一坊大路から西一坊大路の間に位置し、宮殿が都の中心に位置しています。

それでは、なぜ都の中心に宮殿が位置したのでしょうか。これは中国の周《しゅう》の制度について記された『周礼《しゅらい》』の「考工記《こうこうき》」の内容と一致しているという意見があります。これには正方形の都の中心に宮殿を配置すべきという内容が書かれており、これを手本にしたのではないかと考えられています。

藤原京の工事が一段落した大宝《たいほう》二年（七〇二）に、天智《てんぢ》八年（六六九）から中断していた遣唐《けんとう》使《し》が三三年ぶりに再開され、唐の※長安《ちょうあん》に※粟田真人《あわたのまひと》らが派遣されました。そこで彼らは藤原京とは異なる実際の都を目の当たりにし、さぞかし驚いたことでしょう。この時の遣唐使が、平城京をつくるためのさまざまな情報を持ち帰ったと考えられています。そして平城京以降の都では、彼らが見てきた長安と同じように、宮殿が都の北中央につくられるようになりました。

47 藤原宮と平城宮の中の建物配置は違いましたか？

藤原宮も平城宮も、その敷地の全てを発掘したわけではありません。また、平城宮は奈良時代前半と奈良時代後半とで建物配置が大きく異なりますが、ここでは奈良時代前半の平城宮と比べてみましょう。これまでの発掘調査によって、藤原宮と平城宮の建物配置には共通点と相違点があることが分かっています。

まず共通点は、宮の中枢部では南から北へ順に、正門である朱雀門《すざくもん》・朝堂院《ちょうどういん》・大極殿院《だいごくでんいん》を配置し、朝堂院は東西対称に建物を配置することを基本としています。この建物配置の基本は、孝徳《こうとく》天皇の時代の難波宮《なにわのみや》でも見られます。

それでは次に相違点を見てみましょう。もっとも大きな相違点は、藤原宮の中枢部の区画は一つであるのに対して、平城宮の中枢部は西側と東側の二つがつくられ、それらが東西に併存していたことです。また藤原宮の内裏《だいり》は、朱雀門・朝堂院・大極殿院に続いてその北側に配置されましたが、平城宮の内裏は西側の区画にはなく、東側の区画の北に配置されました。さらに藤原宮の大極殿は、大極殿院の回廊の中心に位置するのに対し、平城宮では大極殿の南側に広い朝廷を持つところも異なります。

さらに宮内の官庁街である官衙《かんが》地区を比較すると、藤原宮では空地が比較的目立ちますが、平城宮では西端に位置する※馬寮《めりょう》（馬を飼育する役所）推定地を除くと、建物が近接して配置される傾向にあるようです。

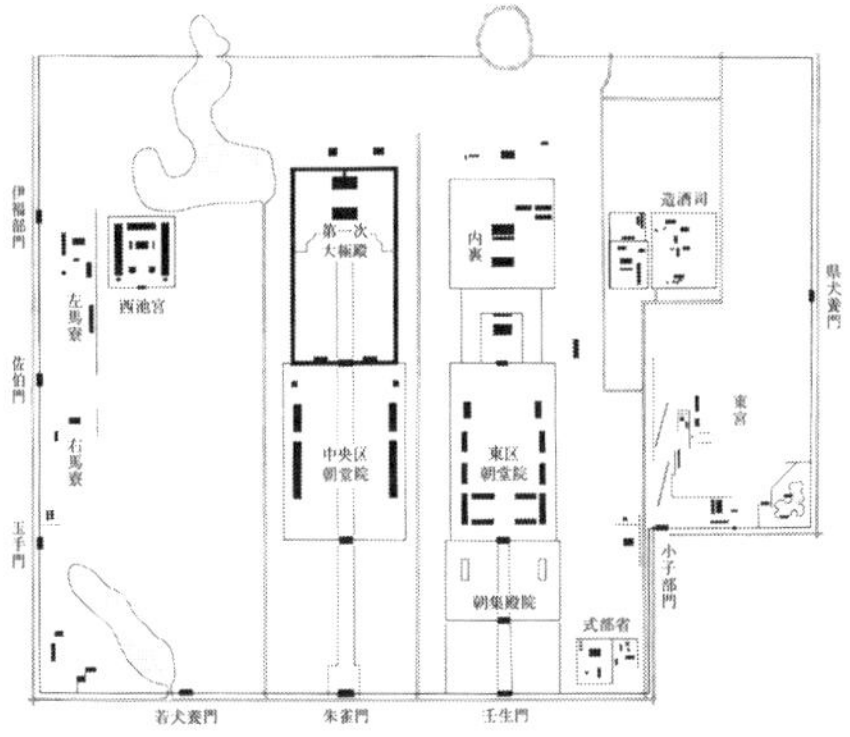

奈良時代前期

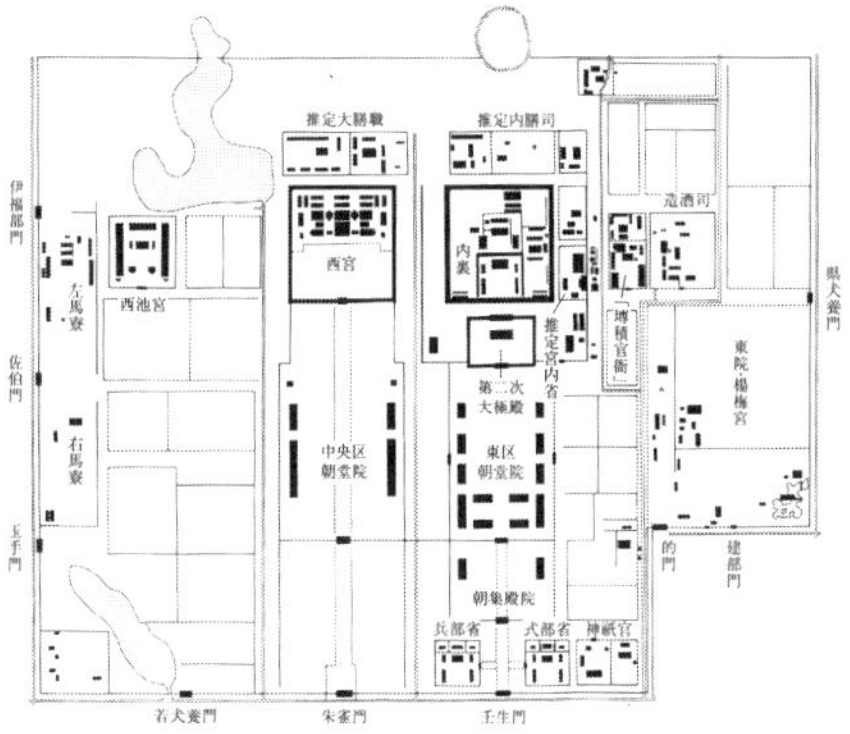

奈良時代後期

平城宮の建物配置

48 遷都《せんと》の時、平城京へはどの道を通りましたか？

和銅《わどう》三年（七一〇）三月一〇日、元明《げんめい》天皇は藤原宮から平城宮へと遷《うつ》られます。当時二つの都は、※中ツ道《なかつみち》と下ツ道《しもつみち》の二つの道で直接つながっていました。これらと※上ツ道《かみつみち》を含めた三本の道は、藤原京が建設されるよりも前につくられ、大和盆地の北と南をそれぞれ直線でつないでいました。藤原京と平城京は、このうちの中ツ道と下ツ道を活用し、また都の道に取り込んだりしてつくられています。

中ツ道は藤原宮の東に位置し、北上して平城京の東の端《はし》の東四坊大路《ひがししぼうおおじ》より一本西の道付近につながります。もう一方の下ツ道は藤原宮の西に位置し、北上すれば平城京で一番大きく重要な道・朱雀大路《すざくおおじ》へとつながり、平城宮にいたります。二つの道を比べると、下ツ道ルートは距離が短く、そのまま平城宮へ入る利点から最適と言えます。

しかし、実際は中ツ道を通って遷られました。そのことは元明《げんめい》天皇が、藤原宮から平城宮へと遷る途中、長屋《ながや》の原と呼ばれる場所で詠んだ『万葉集《まんようしゅう》』（巻一―七八）の歌から分かります。そしてここに見える長屋の原が、中ツ道沿いにある現在の天理市西井戸堂《にしいどどう》町付近と考えられるからです。

中ツ道は藤原京だけでなく飛鳥《あすか》にも通じる道でした。そのため平城京へと都を遷す時にこの道を通ってゆくことで藤原京と飛鳥に別れを告げたかったのではないでしょうか。というのも元明天皇にとって飛鳥は夫であった草壁皇子《くさかべのみこ》と青春を送った場所、そして藤原京は天皇として政治をおこなった都であり、人生の大半を過ごしたところだったからです。

長屋の原の正確な場所は現在分かっていませんが、天理市西井戸堂町にある山辺御県坐《やまのべみあがたにいます》神社にはその情景をしのんで、元明天皇が詠んだこの歌碑が建てられています。

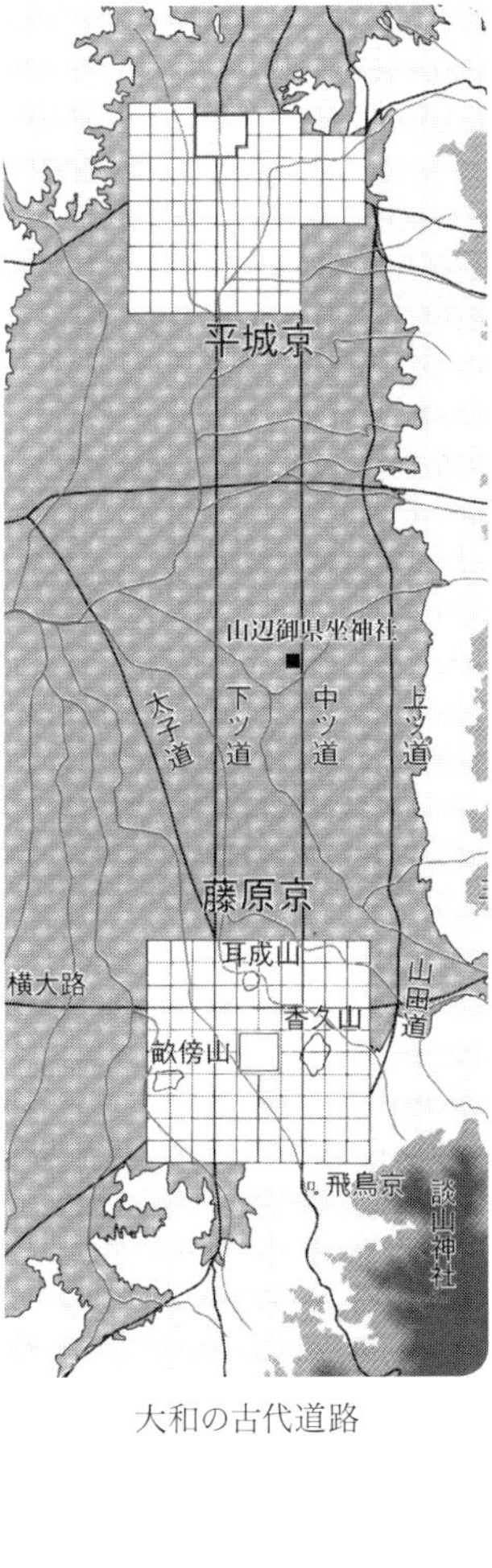

大和の古代道路

49 奈良、平安時代の藤原京は？

和銅《わどう》三年（七一〇）、藤原京から平城京への遷都《せんと》がおこなわれました。大極殿《だいごくでん》をはじめとする藤原宮の主な建物は解体され、平城京へと運ばれました。都に勤める貴族や役人、庶民も一緒に移り住む必要があり、彼らの家なども平城京に移されたでしょう。藤原京はわずか一六年間だけの都であり、そこに根付くような都市民はほとんど育っていなかったようです。この点は、廃都後もその地に残った都市民が多かったという平城京の場合と大きく異なっています。

藤原宮西北隅の発掘調査では、弘仁元年（八一〇）から翌年（平安時代初頭）における※荘園《しょうえん》経営の様子が詳しく書かれた大型の※木簡《もっかん》が発見されています。平安時代の初め頃には、藤原宮があった場所とその周辺には「宮所庄《みやどころのしょう》」、「高殿庄《たかどののしょう》」、「飛騨庄《ひだのしょう》」といった荘園が置かれていたようです。実際、藤原宮の発掘調査でも平安時代の建物や井戸が複数見つかっています。特に朝堂院《ちょうどういん》地区の調査では、基壇の高まりを再利用した屋敷地が見つかっています。ここでは一般の農村集落では見られない※緑釉陶器《りょくゆうとうき》などが出土することなどから、荘園を管理する施設やその管理人の住居であった可能性もあります。

平城遷都によって住人の数が減った藤原京の地には、一辺約一〇九mの方形区画を基準とした耕作地の土地区画である条里制《じょうりせい》にもとづいた水田が新たにつくられました。そのため建物や条坊道路といった条坊制《じょうぼうせい》の土地区画は地上から消えてしまい、現在ではその痕跡をほとんど確認することができません。この点は、現在なお条坊制の土地区画が地表に残されている平城京とは対照的です。

現在、藤原京域は都市化が進みつつありますが、一昔前まで残されていた、田んぼの中に農村が点在するという風景はこうして形づくられていったのです。

〈藤原京の都市問題〉

50 疫病は流行しましたか？

疫病《えきびょう》とは赤痢菌《※せきりきん》などによる感染症で、藤原京の時代の医療技術は現代とは水準が全く異なるので、いったん拡大すると感染をくいとめることは容易ではなかったようです。

『続日本紀《しょくにほんぎ》』を見ると、疫病の記事が多く見えます。文武二年（六九八）三月に越後国《えちごのくに》で疫病が発生し、医薬品を給わって救護したとありますが、同じ年の四月には近江国《おうみのくに》・紀伊国《きいのくに》でも疫病が発生しました。その後の『続日本紀』には毎年のように疫病の記事が書かれています。慶雲三年（七〇六）から翌年にかけては全国で疫病が流行し多くの死者が出たため、慶雲三年閏《うるう》正月や慶雲四年（七〇七）四月には天皇の詔《みことのり》によって疫病をなくすための祈祷《きとう》がおこなわれました。丹波《たんば》・出雲《いずも》・石見国《いわみのくに》が特に被害が大きかったと慶雲四年四月の『続日本紀』の記事に書かれています。『続日本紀』に見える疫病の発生した年と国は、左の表の通りです。

こうして見ると、その被害のひどさがよく分かります。毎年各地で疫病が発生していたため、人々はかなり疲弊《ひへい》していたと考えられます。

疫病の発生した年と地方

文武二年（六九八）	越後（新潟県）、近江（滋賀県）、紀伊（和歌山県）
文武四年（七〇〇）	大倭《やまと》〔大和〕（奈良県）
大宝二年（七〇二）	上野《こうずけ》（群馬県）
大宝三年（七〇三）	相模《さがみ》（神奈川県）
慶雲元年（七〇四）	伊賀（三重県）、伊豆（静岡県）
慶雲二年（七〇五）	諸国
慶雲三年（七〇六）	京畿（奈良県・大阪府・京都府など）、河内《かわち》（大阪府）、参河《みかわ》（愛知県）、駿河《するが》（静岡県）、因幡《いなば》（鳥取県）、出雲《いづも》（島根県）、備前《びぜん》（岡山県）、安芸《あき》（広島県）、紀伊（和歌山県）、淡路《あわじ》（兵庫県）、讃岐《さぬき》（香川県）、伊予《いよ》（愛媛県）
慶雲四年（七〇七）	伊予（愛媛県）
和銅元年（七〇八）	山背《やましろ》（京都府）、但馬《たじま》（兵庫県）、伯耆《ほうき》（鳥取県）、備前（岡山県）、讃岐（香川県）
和銅二年（七〇九）	上総《かずさ》（千葉県）、下総《しもふさ》（千葉県）、越中《えっちゅう》（富山県）、紀伊（和歌山県）

国名の後の（ ）内は、およその現在の県名。

51 水道や排水などの設備は整っていましたか？

藤原京には、京内に水を引くための水道施設は、整備されていませんでした。藤原京のような、多くの人々が集住する都市に水道が整備されるのは、日本では江戸時代になってからのことです。ちなみに、京内に住む人々は、おのおのの宅地に井戸を掘り、地下水をくんだりして、飲料水を確保していました。

排水施設については、藤原京に住む数万人もの人々が出す生活排水を処理するために、必要不可欠でした。また、藤原京は、全体に南東から北西に向かって傾斜する地形の上に立地しています。そのため、京の南東からの排水は、京の中央にある天皇の住む宮を通過することになります。そこで、宮の周辺を汚水だらけにしないためにも、計画的な排水設備の充実が必要でした。そういったことから、この重要な役割を担っていたのが、藤原京の中を碁盤《ごばん》目状に走る条坊道路の両側に掘られた側溝《そっこう》でした。

藤原京の宅地は、条坊道路によって区切られていましたから、宅地から出る生活排水は、隣接する道路側溝に流されることになります。これらの排水は、さらに中心的な排水路となる側溝に集められ、最終的には京内を流れる川へと排水されるようになっていました。

実際に発掘調査で見つかる道路側溝を見てみると、片方の側溝の幅が広かったり、深かったりします。このような側溝は、京内の排水が集中するように、わざと広く、深く掘られた側溝です。このことから、条坊道路の側溝が、道路の高低差などを計算し、京内の排水路計画にのっとって掘られていたことが分かります。

以上のように、計画的に排水路網を設置するには、土地の形状を知るための測量技術、それにもとづいて正確に溝を掘るための土木技術が必要であったことは、言うまでもありません。

52 犯罪やそれに対する警備はどのようでしたか？

犯罪が起きるのは今も昔も変わりありません。藤原京の時代も窃盗《せっとう》や傷害などの事件がありました。藤原京の時代に定められた『大宝律令《たいほうりつりょう》』には「捕亡令《ほもうりょう》」・「獄令《ごくりょう》」といった法令があります。「捕亡令」は犯人を逮捕する時の規則を、「獄令」は裁判や刑の重さ、罪人の扱いに関する規則を定めています。藤原京の時代の犯罪は殺人・傷害・窃盗などの他に、逃亡《とうぼう》（公役《くやく》からの逃亡や奴婢《ぬひ》の逃亡など）や賭博《とばく》も罪になりました。殺人事件や傷害事件の場合、その場に居合わせた人には救護義務があり、それを怠《おこた》った場合は罪となりました。また、現代も遊びとして残っている双六《すごろく》（藤原京の時代の双六は盤の上でコマを進める盤双六で、現代の絵双六とは異なります）は、藤原京の時代は賭《か》けていなくても双六をするだけで罪になりました。

藤原宮は日本の首都でしたから厳重な警備がおこなわれ、兵衛府《ひょうえふ》や衛士府《えじふ》、衛門府《※えもんふ》が警備に当たりました。今の皇居を守っている皇宮警察《こうぐうけいさつ》のようなものです。兵衛には郡司《ぐんじ》や位を持っている人の子ども、衛士には諸国の軍団から上京した兵士があてられました。宮の四面にあった十二の宮城門は衛門府が警備しましたが、門の通行人や運搬する物資について厳しく検査することが「※宮衛令《くえいりょう》」に定められていて、通行者は中務省《なかつかさしょう》から発行された通行証を持参して宮城門を通過しました。門を警備していた門司《かどのつかさ》は通行記録と回収した通行証を衛門府に提出することになっていました。藤原京左京七条一坊（橿原《かしはら》市上飛騨《かみひだ》町）には衛門府が置かれていたと見られ、衛門府の検査に関する約一万三千点の木簡《もっかん》が出土しています。

53 人々はどこに葬られましたか？

藤原京内には、墓は今のところ見つかっていません。京内には埋葬しないという律令の考え方が反映しているためとも考えられています。それでは、藤原京の時代を含め飛鳥《あすか》時代後半の人々はどこへ葬《ほうむ》られたのでしょうか。

藤原京南西部には古墳が集中する地域があります。代表的なものとして、明日香《あすか》村の南部、野口《のぐち》・平田《ひらた》・阿部山《あべやま》の周辺には、藤原京の朱雀大路《すざくおおじ》の南延長線上にある※野口王墓《のぐちおうのはか》古墳（天武《てんむ》・持統《じとう》天皇合葬《がっそう》陵）、真の文武《もんむ》天皇陵と推定されている中尾山《なかおやま》古墳、※四神図《ししんず》の壁画《へきが》で知られる高松塚《たかまつづか》古墳やキトラ古墳があり、さらに明日香村西方の越《こし》・真弓《まゆみ》には斉明《さいめい》天皇と娘の間人皇女《はしひとのひめみこ》が合わせて葬られたと推定される牽牛子塚《けんごしづか》古墳、そのすぐ南側には斉明天皇の孫で※大津皇子《おおつのみこ》の母に当たる大田皇女《おおたのひめみこ》の墓と推定される越塚御門《こしつかごもん》古墳、カヅマヤマ古墳、マルコ山古墳、さらに高取町佐田《さた》には草壁皇子《くさかべのみこ》の墓と推定される束明神《つかみょうじん》古墳などがあります。これらの古墳の多くは、山の南斜面に位置し、北側の背面を掘りくぼめていたり、三方が丘陵に囲まれて南を入口にしたりするなどの特長を持つ七世紀初頭から八世紀初めの※終末期古墳《しゅうまつきこふん》と呼ばれるものです。ま

中尾山古墳　全景

た、古墳の平面形は多くが円形ですが、天皇陵またはその可能性が考えられる牽牛子塚古墳、野口王墓古墳、中尾山古墳は八角形という特別な形をしています。

明日香村南西部から高取町以外に、藤原京の東方では、現在の桜井市初瀬《はせ》の山中も埋葬地や火葬地とされていたようで『万葉集《まんようしゅう》』に柿本人麻呂《かきのもとのひとまろ》がその状況を詠んだ歌が残されています（巻三―四二八）。さらに東の宇陀《うだ》市の山中でも※文祢麻呂《ふみのねまろ》の火葬墓（宇陀市榛原八《はいばらや》滝《たき》）が発見されています。また藤原京の西方では、二上山の山麓周辺でも※威奈大村《いなのおおむら》の火葬墓（香芝《かしば》市穴虫《あなむし》）などの墓が見つかっています。

しかし、これらの墓に葬られた人は、いずれも天皇や皇族、役人など位の高い人々ばかりです。庶民はどこに、どのように葬られたのかは、まだ分かっていません。

54 火葬はこの時代に広まりましたか?

「火葬《かそう》」とは、遺体に火をつけて白骨化させ、その遺骨を容器などに入れて埋葬するまでの一連の行程を意味します。

七世紀後半に※道昭《どうしょう》という仏教の高僧がいました。『続日本紀《しょくにほんぎ》』には、文武四年(七〇〇)に道昭が我が国で最初に火葬されたと記されています。道昭が死亡した後、弟子たちが遺言《ゆいごん》に従って火葬しました。弟子らが焼けた骨や灰を拾おうとすると、にわかに風が吹き、骨や灰がなくなって埋葬できなかったと記されています。

道昭に次いで火葬された記録が残るのは持統《じとう》天皇で、夫であった天武《てんむ》天皇の陵に合葬されました。また、次の天皇である文武《もんむ》天皇も火葬されます。最高の身分である天皇が火葬されたことから、火葬は急速に広まりました。実際に藤原京の時代の終末から奈良時代にかけての火葬墓が発掘調査などで確認されています。※文祢麻呂《ふみのねまろ》墓や※威奈大村《いなのおおむら》墓などが代表で、出土した墓誌《ぼし》から葬られた人物の名前、死亡した年や埋葬された年がわかります。墓誌には他に出自《しゅつじ》・経歴《けいれき》・官位《かんい》・墓の所在等の情報も刻まれています。

それでは、なぜ火葬が流行したのでしょうか。藤原京は我が国最初の大規模な都であり、各地から多くの人々がやってきました。彼らをスムーズに統制するために火葬を取り入れ、そしてその先例として天皇みずからが火葬されたと考える意見があります。また、六八一年に新羅《しらぎ》の文武王《ぶんぶおう》が初めて火葬されます。持統天皇も、これに影響を受けた可能性があります。最初に火葬された人物が仏教僧であることから、仏教の浸透も無視できません。さらに七世紀後半から従来の埋葬方法に対して、質素《しっそ》に、簡単な方法で埋葬する「※薄葬《はくそう》」という思想が芽生《めば》えており、法律も後押しするようになったと考えられます。続く奈良時代以降は土葬も復活し火葬と併存します。八世紀初めの火葬は一時の流行ととらえることもできるでしょう。

【参考】

四方卅□大神龍王
七里□□内□送〻打〻急〻如律令

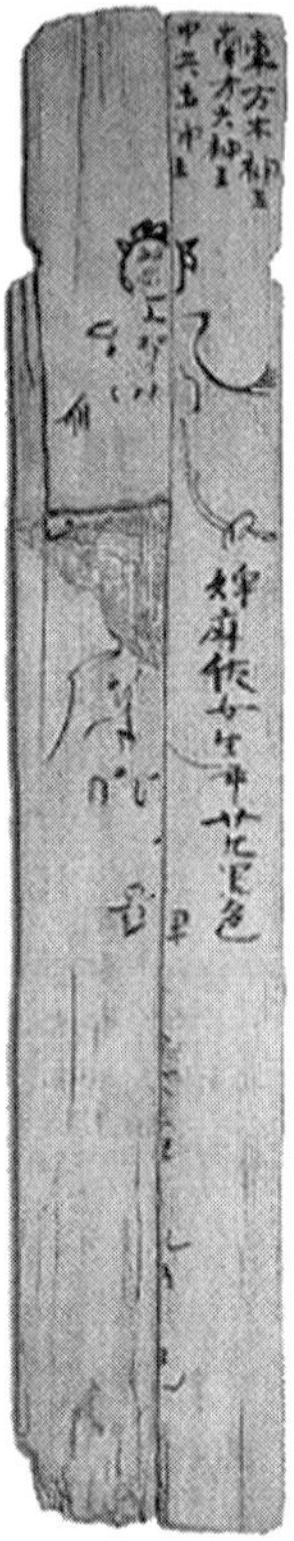

東方木神王　婢麻佐女生年廿九黒色
南方火神王　（人物像）
中央土神王　婢□□女生年□□□□〔色カ〕
□　□
□　□　（人物像）

藤原京　まじないの木簡（写真は複製品）

〈藤原京の神と仏〉

55 仏教はどの程度広まっていましたか？

日本における本格的な最初の寺院である飛鳥寺《あすかでら》が、推古《すいこ》一七年（六〇九）に完成してから、藤原京の時代までは一〇〇年が経過しています。その間の仏教の広まりを示すように飛鳥・藤原地域には寺院が次々と建てられました。遺跡の性格や年代が明らかでないものもありますが、八世紀初頭までに造営された寺院は、飛鳥・藤原地域で約三五カ寺、藤原京内に限定した場合は約二三カ寺になります。そのうちQ56でふれる四大寺以外については、坂田寺《さかたでら》や檜隈寺《ひのくまでら》、田中廃寺《はいじ》※、安倍寺など有力豪族がみずからの平穏《へいおん》を願ってつくった氏寺《うじでら》と考えられます。このことから飛鳥時代の後半には、飛鳥・藤原地域の有力豪族の多くは、仏教を信仰していたのでしょう。また、藤原京内には遷都《せんと》以前より存在した寺院も存続しており、新たに建てられた寺院は少ないようです。寺院の分布を見ると、多くが藤原京の南半分にあり、飛鳥の寺院も多くが存続します。これらのことは、藤原京の時代の仏教が、以前の時代を受け継いだことを示しているのでしょう。

また全国的には、持統六年（六九二）に全国で五四五カ寺があったという記述が、『扶桑略《ふそうりゃく》記《き》』に見られます。実際の遺跡の状況からも七世紀後半は寺院造営が活発になり、日本のほとんどの地域でつくられたことが明らかになっています。

　仏教の教えを示すお経で、現在残っているもっとも古いものは、天武一四年（六八六）の「金《こん》剛場《ごうじょう》陀羅尼経《だらにきょう》」です。他に和銅五年（七一二）に写された「大般若経《だいはんにゃきょう》（長屋王願経《ながやおうがんきょう》）」も知られ、現在、宮内庁《くないちょう》などで保管されています。これは長屋王が、文武《もんむ》天皇の霊を弔《とむら》うため書写させたものです。また藤原京の時代には、「金光明経《※こんこうみょうきょう》」や「仁王経《※にんのうきょう》」が、国の平和を願って宮殿や寺院で頻繁に読まれたことが『日本書紀《にほんしょき》』や『続日本紀《しょくにほんぎ》』に記されています。ここからも仏教が天皇や貴族を中心に盛んであった様子がうかがえましょう。しかし、庶民の間で仏教はどの程度広がっていたのか、それについては明らかでありません。

56 藤原京の「四大寺」とは？

藤原京の時代に、「四大寺」と呼ばれた大寺院がありました。「四大寺」は、『続日本紀《しょくにほんぎ》』の大宝二年（七〇二）一二月、大宝三年（七〇三）一・三・七月、慶雲《けいうん》四年（七〇七）六月の記事に記されています。ただしそれらには「四大寺」とあるのみで、具体的な寺院の名称は記されません。しかし大宝三年一月の記事には、「大安《だいあん》・薬師《やくし》・元興《がんごう》・弘福《ぐふく》」という「四寺」が列挙《れっきょ》されており、これが「四大寺」と考えられています。

これらの寺院の由緒を見てみましょう。まず大安寺については、※舒明《じょめい》天皇発願《ほつがん》の百済大寺《くだらのおおてら》から寺の由緒や名前を受け継いで移築された高市大寺《たけちのおおてら》が、その後に再移転・改名されて大官大寺《だいかんだいじ》となり、さらに平城京に移転して大安寺と改名されました。薬師寺（橿原《かしはら》市の本薬師寺《もとやくしじ》跡）は天《てん》武《む》天皇の発願で、皇后（後の持統《じとう》天皇）の病気が治るのを願って創建されました。元興寺は蘇《そ》我馬子《がのうまこ》の発願した飛鳥寺《あすかでら》（法興寺）のことで、平城京に移転して元興寺と改名されました。日本最古の本格的寺院です。弘福寺は明日香村の川原寺《かわらでら》のことで、斉明《さいめい》天皇を弔《とむら》うため、天智《てんぢ》天皇によって創建されたと考えられています。また、弘福寺だけが藤原京外に位置します。

この「四大寺」は、仏法の力で国家の安寧を祈願したり、持統※太上天皇《だじょうてんのう》や文武《もんむ》天皇を弔う読経《どきょう》儀式の会場にもなりました。つまりこれら「四大寺」は、天皇が発願し、あるいはそれに準じる大寺院であり、国家の平安を祈り、天皇家の菩提《ぼだい》を弔う最重要の寺院であったと言えます。

ところが平城遷都《せんと》によって、弘福寺を除く三カ寺は平城京へ移転して、奈良時代には興福《こうふく》寺《じ》・東大寺《とうだいじ》・法華寺《ほっけじ》・新薬師寺《しんやくしじ》・西大寺《さいだいじ》・西隆寺《さいりゅうじ》・唐招提寺《とうしょうだいじ》などの大寺院が新たに建立されました。その結果、「四大寺」という総称も使われなくなります。まさに「四大寺」は、藤原京の時代を象徴する国家の最高ランクの寺院だったのです。

57 藤原京には「四大寺」の他にどのようなお寺がありましたか？

藤原京の時代には「四大寺」以外にも、その周辺には多くの寺院がありました。『日本書紀《にほんしょき》』の天武《てんむ》九年（六八〇）五月の記事に「京内廿四寺《きょうないにじゅうしじ》」に対して布や糸、綿などが与えられたことが記されています。この天武九年は藤原京遷都《せんと》以前ですが、すでに二四カ寺以上の寺院が飛鳥《あすか》浄御原宮《きよみはらのみや》の周辺の「京」と呼ばれる地域にあったようです。この二四カ寺のそれぞれの名称やその具体的な所在地は、残念ながら『日本書紀』に記されていません。そのため古くから「京」の範囲を考える上でも、この二四カ寺を探し出す研究が進められてきました。

今日の考古学的な視点からは、どのような方法で、この二四カ寺を見つけ出すことができるでしょうか。そのヒントとして『日本書紀』天武九年一一月の記事に記されている薬師寺（本《もと》薬師寺《やくしじ》のこと）建立の発願《ほつがん》記録が注目されます。この記事を手がかりとして「京内廿四寺」とは、本薬師寺よりも前に建立された寺院と言うことができます。

そこで、飛鳥や藤原京周辺で本薬師寺よりも古い紋様《もんよう》の軒丸瓦《のきまるがわら》や軒平瓦《のきひらがわら》が出土している寺院を探し出すと、左の表のような寺々が挙げられます。これではまだ二四カ寺に足りませんが、藤原京周辺のその他の古代寺院も挙げておきました。藤原京との関わりなどこれらをどのように検証してゆくかが今後の調査研究の課題です。

藤原京と関わりのある古代寺院

京内二四寺に含まれることがほぼ確実な寺院	飛鳥寺《あすかでら》・豊浦寺《とゆらでら》・坂田寺《さかたでら》・和田廃寺《わだはいじ》・奥山廃寺《おくやまはいじ》・立部寺《たちべでら》（定林寺《じょうりんじ》）・檜隈寺《ひのくまでら》・日向寺《にっこうじ》・軽寺《かるでら》・田中廃寺《たなかはいじ》・大窪寺《おおくぼでら》・木之本廃寺《きのもとはいじ》・山田寺《やまだでら》・安倍寺《あべでら》・橘寺《たちばなでら》・川原寺《かわらでら》・紀寺《きでら》（小山廃寺《こやまはいじ》）
京内二四寺に含まれる可能性のある寺院	呉原寺《くれはらでら》・雷廃寺《いかつちはいじ》・石川廃寺《いしかわはいじ》・丈六南《じょうろくみなみ》遺跡・高田廃寺《たかだはいじ》・膳夫寺《かしわでら》・塔垣内廃寺《とうがいとはいじ》
本薬師寺造営以降の寺院	本薬師寺《もとやくしじ》・久米寺《くめでら》・香具山寺《かぐやまでら》・大官大寺《だいかんだいじ》・八木廃寺《やぎはいじ》・岡寺《おかでら》・青木廃寺《あおきはいじ》

58 橿原市の久米寺と久米町の関係は？

久米寺《くめでら》は、橿原《かしはら》市久米町に所在します。現在は霊禅山東塔院《れいぜんさんとうとういん》と号し、真言宗御室《おむろ》派の古刹《こさつ》で、京都仁和寺《にんなじ》から江戸時代に移築された重要文化財の多宝塔《たほうとう》や、古代の塔礎石《そせき》などで知られ、アジサイの寺としても有名です。平安時代に書かれた『※扶桑略記《ふそうりゃっき》』『※今昔物語集《こんじゃくものがたりしゅう》』によると久《く》米仙人《めせんにん》の創建とあり、寺伝では聖徳太子の弟であった来目皇子《くめのみこ》の創建とされます。他に久米氏の氏寺《うじでら》とする説や、藤原氏が建立した廐坂《うまやさか》寺とする説もあります。また唐から帰国した空海《くうかい》が、真言宗を開いた寺としても知られています。

考古学的には、藤原京の南西に位置し、藤原京の時期の瓦が出土していますが、古代の久米寺の中心は、現在地よりもやや西側の、現在の久米町の集落内で、明治四三年（一九一〇）頃までは金堂跡と推定される土壇《どだん》や礎石が残っていました。またその周辺には「仙人屋敷」「大門」という地名や、放生池《ほうじょういけ》跡、西塔跡の伝承地もあります。

この久米寺や久米町に関連する記述が『日本書紀《にほんしょき》』神武《じんむ》天皇二年春二月の記事にあります。その記事では、神武天皇の臣下であった大来目《おおくめ》（大久米命《おおくめのみこと》ともいう）を畝傍山《うねびやま》の西の川辺に住まわ

久米寺の塔の礎石

せたことを、「来目邑《くめむら》」の名前の由来としています。つまり、『日本書紀』が書かれた奈良時代の初めには、すでにそのように考えられていたようです。

久米寺と久米仙人にまつわるもう一つの伝説地として、久米町の東端（現在は石川町）にある「いもあらい地蔵」の場所（国道一六九号線沿い）があります。江戸時代の※『大和名所図会《やまとめいしょずえ》』では、空を飛行中の久米仙人が娘の太ももを目にして神通力《じんつうりき》が弱まり、この場所に墜落したとして紹介されています。太ももを見られた娘さんは、その後、久米仙人と結婚したということです。

59 大官大寺の塔の高さは、一〇〇mあったのですか？

　現在の日本の国を象徴するものとして富士山（標高三七七六m）や東京タワー（高さ三三三m）を挙げる人は多いでしょう。ともに日本でもっとも高い山ともっとも高い人工の建造物です。東京タワーは二〇一一年の一一月に世界一に認定された東京スカイツリー（高さ六三四m）にその高さは抜かれましたが、人々の高いものに対するあこがれは尽きないでしょう。

　そして、古代にもこのような高い塔は存在しました。それは※舒明《じょめい》天皇の百済大寺《くだらのおおてら》とされる吉《き》備池《びいけ》廃寺や文武《もんむ》朝の大官大寺《だいかんだいじ》の九重塔、東大寺の東西両方にあった七重塔です。いずれも今は見ることができませんが、基礎となる基壇の平面規模ははっきりしており、現在まで残っている他の塔の基壇規模と高さの比例関係からある程度の高さは推測することができます。

　しかし実際の高さを知るには文献の記述に頼るしかありません。これらの塔の中で高さが記されているのは、『※東大寺要録《とうだいじようろく》』の東大寺東西両塔だけです。この記述の検討から東大寺の七重塔の高さは、約一〇〇mとされました。しかし、最近の再検討によって七〇mほどに修正した案も出されています。東大寺西塔の基壇と大官大寺の塔の基壇は一辺が約二四mとほぼ同じであることから高さも同程度と推測されます。そのため大官大寺の塔の高さは七〇～一〇〇mの範囲で考えられるのです。

一方、吉備池廃寺の塔の基壇は一辺約三二mであることから、これらの中でもっとも古く、高い可能性が考えられます。同じ頃、新羅《しらぎ》の皇龍寺《こうりゅうじ》や百済《くだら》の弥勒寺《みろくじ》でも高い塔がつくられ、中国にも同様な塔がありました。大官大寺も同様だったでしょう。このような高い塔は現在と同じように国の技術力や権威を見せつける効果があったのでしょう。そのため新羅と競い、中国にあこがれた当時の日本においても高い塔が次々とつくられていったのでしょう。

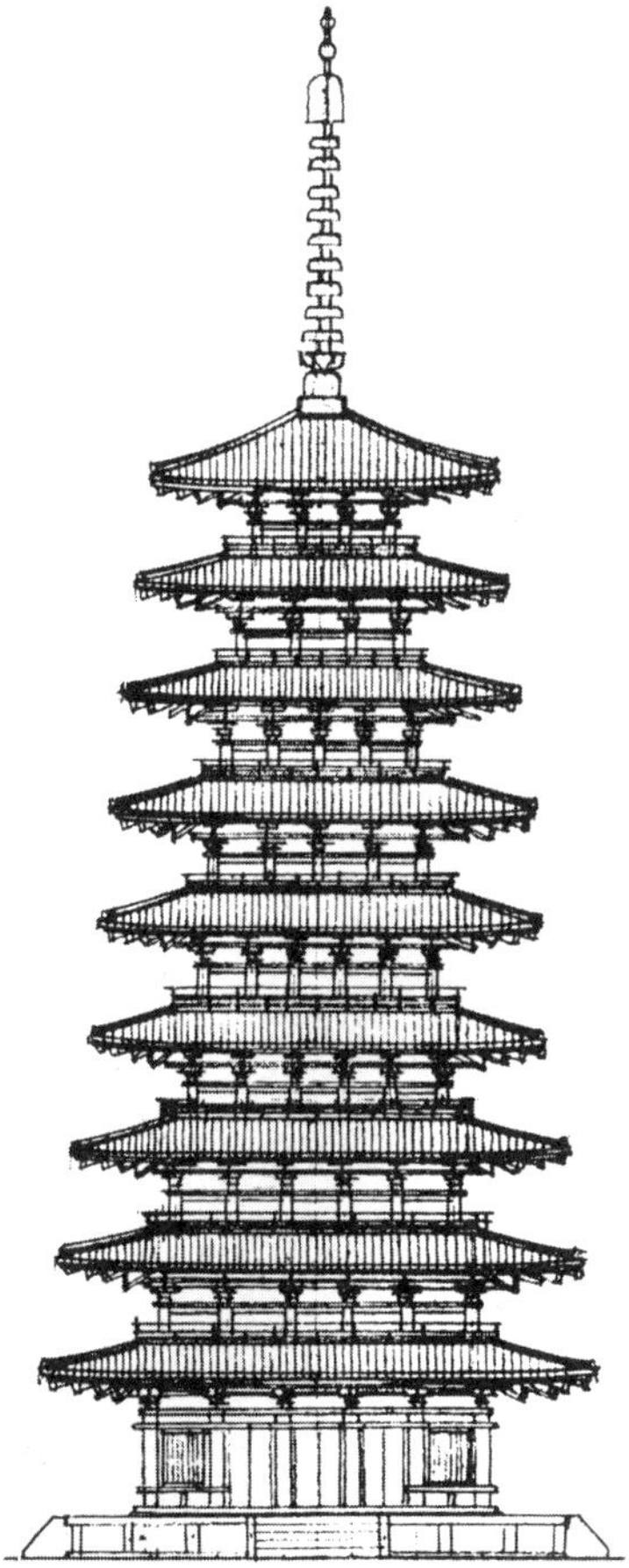

大官大寺九重塔復元図

60 なぜ本薬師寺というのですか？

橿原《かしはら》市城殿《きどの》町の本薬師寺《もとやくしじ》跡は、近鉄畝傍御陵《うねびごりょう》前駅東口を出て、東に五分ほど歩いた場所にあります。その場所には、今も東西両塔と金堂の基壇や礎石が残っており、その大きさから当時の姿がしのばれます。

この本薬師寺跡は、天武九年（六八〇）に、天武《てんむ》天皇が皇后（後の持統《じとう》天皇）の病気が治るようにとの願いを込めて発願《ほつがん》し、藤原京右京七条二坊の地に建てられた薬師寺の跡です。薬師寺といえば、奈良市西ノ京にある薬師寺が有名ですが、こちらの薬師寺は、平城遷都《せんと》の際に藤原京から移転したものです。そのため、平城京の薬師寺に対して藤原京の薬師寺は、移転する前のもとの薬師寺ということで、本薬師寺と呼ばれています。

藤原京から平城京への薬師寺の移転については、明治時代から「薬師寺論争」という論争がくり広げられてきました。その大きな問題として、平城京の薬師寺の建物、なかでも、国宝の東塔は、本薬師寺から移転したものか、それともそこで新しく建てられたものかという点が挙げられます。これについては本薬師寺でおこなわれた発掘調査が、大きな成果をもたらしまし

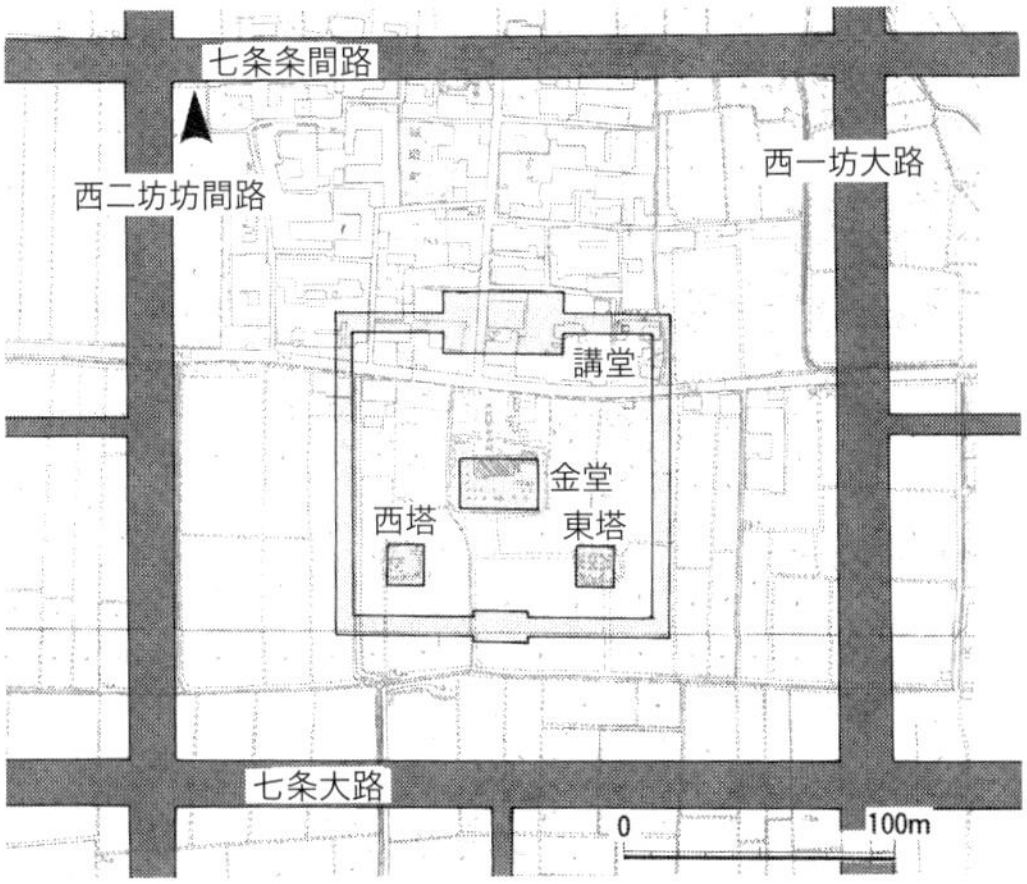

本薬師寺平面図

た。調査では、塔や金堂の跡から、奈良時代や平安時代の瓦が出土したことから、奈良時代に入っても本薬師寺の特に西塔の造営はおこなわれていたこと、平城京へ移転した後も、本薬師寺の地に平安時代まで壮大な伽藍《がらん》が残っていたことが明らかとなったのです。これは、平城京の薬師寺の建物は、本薬師寺から移転したものではなく、奈良時代に新しく建てられたことを示しています。

　しかし、この論争にはもう一つの問題があります。それは、奈良の薬師寺金堂の本尊《ほんぞん》、国宝銅造《こくほうどうぞう》薬師三尊像《やくしさんぞんぞう》（薬師如来《やくしにょらい》と日光《にっこう》・月光《がっこう》菩薩《ぼさつ》像）をめぐる問題です。これらの仏像が藤原京から移されたものなのか、それとも平城京への移転後につくられたものなのか、この点については、現在でも決着はついていません。

61 仏像はつくられましたか？

藤原京の時代を前後する頃にも仏像はつくられています。その主な素材は銅・木・土・石・漆《うるし》の五種類ですが、ここでは当時の銅・土・石・漆の例を紹介しましょう。

銅像の代表は、奈良市興福寺《こうふくじ》の国宝銅像仏頭《ぶっとう》です。この仏像は、もとは桜井市山田寺の講堂の本尊であった丈六《じょうろく》（立った時の高さが一丈六尺＝約五ｍであること）の金銅仏で、天武七年（六七八）に鋳造《ちゅうぞう》が開始され、天武一四年（六八五）に完成したと伝えられています。年号が刻まれた例には桜井市長谷寺《はせでら》の国宝銅板法華説相図《ほっけせっそうず》があり、天武一五年（六八六）あるいは文武二年（六九八）頃の製作と考えられています。また明日香村飛鳥池遺跡からは、小型仏像の鋳型《いがた》が出土しています。鋳造品とは異なった押出仏《おしだしぶつ》も法隆寺に伝えられています。年代は議論されていますが、奈良市薬師寺の本尊、国宝薬師三尊像もこの時代につくられた可能性が指摘されています。

土の仏像としてはまず、塑像《そぞう》があり、葛城《かつらぎ》市當麻寺《たいまでら》金堂の国宝弥勒仏《みろくぶつ》坐像が著名です。出土例としては、明日香村川原寺裏山《かわらでらうらやま》遺跡のものがあります。次に塼仏《せんぶつ》は、同じく川原寺裏山遺跡や橘寺《たちばなでら》などから多量に出土しています。この塼仏は飛鳥時代の後半に大量生産され、宮城県から大分県までの日本各地から出土しています。また「甲午《こうご》年五月中」の年号銘のある大型塼仏が三重県名張《なばり》市夏見《なつみ》廃寺や御所《ごせ》市二光寺《にこうじ》廃寺で出土し、持統八年（六九四）頃の製作と考えられています。

二光寺廃寺　大型多尊塼仏復元品

石の仏像としては、桜井市石位寺《いしいでら》の重要文化財石造浮彫伝薬師三尊像、出土例として葛城市石光寺《せっこうじ》の如来《にょらい》坐像、同じく只塚《ただづか》廃寺の菩薩《ぼさつ》立像などがあります。

漆を使った乾漆《かんしつ》像という新技法もこの時代に広まり、當麻寺金堂の重要文化財四天王像が七世紀後半の製作（多聞天《たもんてん》像を除く）とされます。

他にも織物としてつくられた繡仏《しゅうぶつ》があり、斑鳩《いかるが》町中宮寺の国宝天寿国繡帳《てんじゅこくしゅうちょう》が有名です。

主な仏像のつくり方

銅像	銅を溶かして鋳型に流し込んでつくる。（鋳造《ちゅうぞう》）
押出仏《おしだしぶつ》	薄い銅板を原形に当てて槌《つち》でたたき仕上げ、※半肉彫《はんにくぼり》のレリーフを型どる。
塑《そ》像	木の芯《しん》に土で肉付けしてつくる。
塼仏《せんぶつ》	仏像紋様を半肉彫した型に粘土を詰め、それを型抜きした後に焼き上げてつくる。レリーフ状の仏像。
乾漆《かんしつ》像	塑像と違って土の代わりに漆を使ってつくる。

62 藤原京で活躍した僧は？

ここでは代表的な何人かの僧を紹介します。

義淵《ぎえん》（?～七二八年）は、※法相宗《ほっそうしゅう》を学んだ僧で、子供の頃、天智《てんぢ》天皇に育てられたとも伝えられます。大宝三年（七〇三）には当時の僧としては最高位の僧正《そうじょう》に任じられます。そしてこの頃、岡寺《おかでら》（竜蓋寺《りゅうがいじ》、明日香村岡）や竜門寺《りゅうもんじ》（吉野町山口）などを建てました。これらの寺々は、山の中に立地するという特殊なお寺で、山中での厳しい修行や、山に対する特別な信仰などが背景にうかがえます。弟子には平城京で活躍する玄昉《げんぼう》や行基《ぎょうき》、良弁《ろうべん》、道慈《どうじ》がいます。岡寺には奈良時代の義淵像（重要文化財）が伝えられています。

道昭《どうしょう》（六二九～七〇〇年）は、飛鳥寺《あすかでら》の僧で、河内《かわち》国（大阪府南東部）の渡来人の家系に生まれました。白雉《はくち》四年（六五三）に遣唐使《けんとうし》の一員として中国に入り※玄奘三蔵《げんじょうさんぞう》から教えを受けます。斉明《さいめい》七年（六六一）に帰国した後は、飛鳥寺の東南隅に禅院を建てて住み、禅を伝えました。また、土木事業の技術指導などでも活躍し、京都府宇治市の宇治橋は彼がつくったとも考えられています。そして最後は日本で初めて火葬されました。禅院は、平城京に移転して禅院寺となり、道昭が伝えた多くの経典を所蔵したことで知られました。

道慈《どうじ》（?～七四四年）は、平城京の大安寺の僧で、大宝二年（七〇二）に遣唐使の一員として中国に入りました。唐の長安でも重んじられましたが、養老二年（七一八）には帰国、僧正に並ぶ律師《りっし》の地位に任じられます。大安寺の造営にあたって中国様式を取り入れたり、宮中の法会でも活躍しました。

僧の中でも変わった一人として役小角《えんのおずぬ》（役行者《えんのぎょうじゃ》）を挙げることができます。御所市の葛城《かつらぎ》山《さん》で修行しており、仏教の他に道教《※どうきょう》にも詳しく、呪術《※じゅじゅつ》を得意としました。文武三年（六九九）には世間を惑わせた罪で伊豆に流されます。後に吉野の大峯山《おおみねさん》（吉野郡天川村）など日本各地の山岳霊場を信仰の山として開いた人物として崇拝《すうはい》されるようになります。

63 藤原京の神社は？

橿原《かしはら》市、桜井市、そして明日香村にまたがる広大な範囲に造営された藤原京の跡地には、現在一〇〇を超える神社があります。天皇家の祖先である天上世界（高天原《たかまがはら》）に住む神々をはじめ地域に根ざした地主神《じぬしがみ》や氏神《うじがみ》、さらに地方から迎え入れた神々などさまざまな神がまつられています。春日神社、八幡《はちまん》神社などよく知る名前が見えます。しかし、藤原京のあった時代には、都の中には神社はあまりなく、またその近辺にも神社は多くはなかったと言えます。

藤原京ができる少し前、天武元年（六七二）に起こった壬申《じんしん》の乱《らん》に登場する事代主神《ことしろぬしのかみ》の高市社《たけちのやしろ》と生霊神《いくみたまのかみ》の身狭社《むさのやしろ》、そして藤原京に都が遷《うつ》された二年後の持統一〇年（六九六）、高市皇子《たけちのみこ》の命が尽きようとする時に、延命《えんめい》を祈った哭沢《なきさわ》神社と数える程度です。高市社は、藤原京の西を流れる曽我川《そがかわ》の右岸の川俣《かわまた》神社（橿原市雲梯《うなて》町）、身狭社は、藤原京の南、近鉄岡寺駅の西の高取川左岸にある牟佐坐《むさにいます》神社（橿原市見瀬《みせ》町）と考えられています。また、哭沢神社は、香具《かぐ》山《やま》の西麓にある畝尾都多本《うねおったもと》神社（橿原市木之本《きのもと》町）と見られています。

この他にも、都が平城京へ遷された後、天平二年（七三〇）の国の倉庫に蓄《たくわ》えた稲の記録の中にも神の名が記されています。十市御県神《とおちのみあがたのかみ》（橿原市十市《とおいち》町）や目原神《めばらのかみ》、畝尾神《うねおのかみ》そして耳梨山口神《なしのやまぐちのかみ》（耳成山《みみなしやま》、橿原市木原《きはら》町）です。畝尾神は先に記した畝尾都多本神社に北接する畝尾坐健土安《うねおにいますたけはにやす》神社（橿原市下八釣《しもやつり》町）にまつられています。この神以外の神をまつった神社も、あるいは、藤原京の時代にはすでにあったかもしれません。それにしても神社は少なかったと言えます。ここに見られる神社はその後も尊《とうと》ばれ、平安時代には格式のある神社として朝廷から奉納品が送られる※式内社《しきないしゃ》となっています。

64 藤原京と伊勢神宮は関係がありましたか？

天武元年（六七二）の※壬申《じんしん》の乱《らん》の時に、大海人皇子《おおあまのおうじ》（後の天武《てんむ》天皇）は、吉野を出発した後、伊勢国朝明《あさけ》郡の迹太《とお》川（三重県四日市市付近）のあたりで「※天照大神《あまてらすおおみかみ》」を礼拝します。これが、天武天皇の天照大神をまつる伊勢神宮に対する信仰の最初の記事とされます。その後天武三年（六七四）には、娘の大来皇女《おおくのひめみこ》を伊勢神宮に仕える※斎王《さいおう》としてそこに向かわせます。この大来皇女が最初の斎王とされています。なお、大来皇女は大津皇子《おおつのみこ》の姉です。

さらに文武《もんむ》天皇は三度も斎王を送っています。天武天皇の娘の当耆皇女《たきのひめみこ》、田形皇女《たかたのひめみこ》、天智《てんぢ》天皇の娘の泉皇女《いずみのひめみこ》です。また大宝元年（七〇一）には「斎宮司《さいくうし》」という役所が設けられます。これらは伊勢神宮とその斎王の制度が重要視されたことの表れと言えましょう。しかし持統《じとう》や元《げん》明《めい》といった女帝の時代には、基本的に斎王の派遣は記録として見られません。その理由は明らかでありませんが、天皇が都でその役割を果たしたとも考えられています。ただし持統天皇は、持統六年（六九二）三月に伊勢へ行幸《ぎょうこう》しています。

伊勢神宮では現在も二〇年ごとに神殿を遷《うつ》す式年遷宮《しきねんせんぐう》がおこなわれており、最近では平成二五年（二〇一三）におこなわれます。この式年遷宮も、藤原京遷都の少し前の持統四年（六九〇）から始まったとされています。

伊勢神宮と藤原京の直接のつながりは明らかでありませんが、藤原京の時代に歴代の天皇が自分たちの先祖としての天照大神を信仰したのは当然と言えます。そして太陽が昇る東方の地の太陽神と伊勢国の在来の神の信仰が重なって伊勢神宮は成立したと考えられています。このような多くの神々の信仰を整理することも統一的な律令国家をつくる上では重要だったと言えます。それがこの藤原京の時代だったのでしょう。

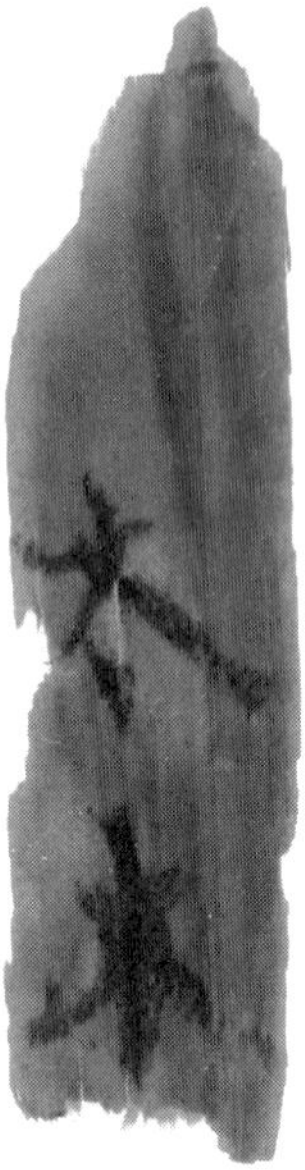

太来［皇女？］

飛鳥京跡　木簡

65 大祓《おおはらえ》などの祭りはありましたか？

毎年一二月、東大寺や薬師寺など奈良の主だったお寺が、仏様の身に降り積もった一年間の埃《ほこり》を取り除くお身拭《みぬぐ》いのニュースが流れ、世間に年の瀬を告げます。仏様は尊いお方ですので、よごれを落とし、新年を迎えます。

一方、私たちも、我が身に起こった怪我や病気など、一年間の不幸な出来事を取り除き、新しい年を迎えたいと願います。そのためにおこなうのが、神道《しんとう》で祓《はらえ》と呼ぶおこないです。もちろん、祓は年の瀬だけでなく、必要に応じておこなわれています。悪霊《あくりょう》祓《ばらい》もその一例でしょう。いずれにしても身体に付着した災いや穢《けが》れを取り除くことで共通しています。

これに対して個人の災いを含め、大地震や台風による災害や新型インフルエンザ流行に見られるような疫病《えきびょう》など、社会全体に降りかかった禍《わざわい》を取り除くおこないを大祓と呼びます。そして、一年間で二回、六月と一二月の最終日にそれぞれ夏越《なごし》の祓《はらえ》と大祓としておこなわれています。

今日に続く大祓は、飛鳥《あすか》に宮（飛鳥浄御原宮《あすかきよみはらのみや》）があった六七六年に、天武《てんむ》天皇がおこなったのが始まりと考えられています。そして都が藤原京に遷《うつ》されて以降も、大祓をおこなっていたことを、『日本書紀《にほんしょき》』はたびたび記していて、行事としてしだいに定着してゆく様子を伝えています。

大祓は、人形《ひとがた》や馬・布・刀・稲・鍬《くわ》などの道具を使って、災いや穢れを川に流し去ります。藤原京の道路の溝跡からは、その時の道具も見つかっています。藤原京では確実に大祓などの祭りがおこなわれていたと言えます。

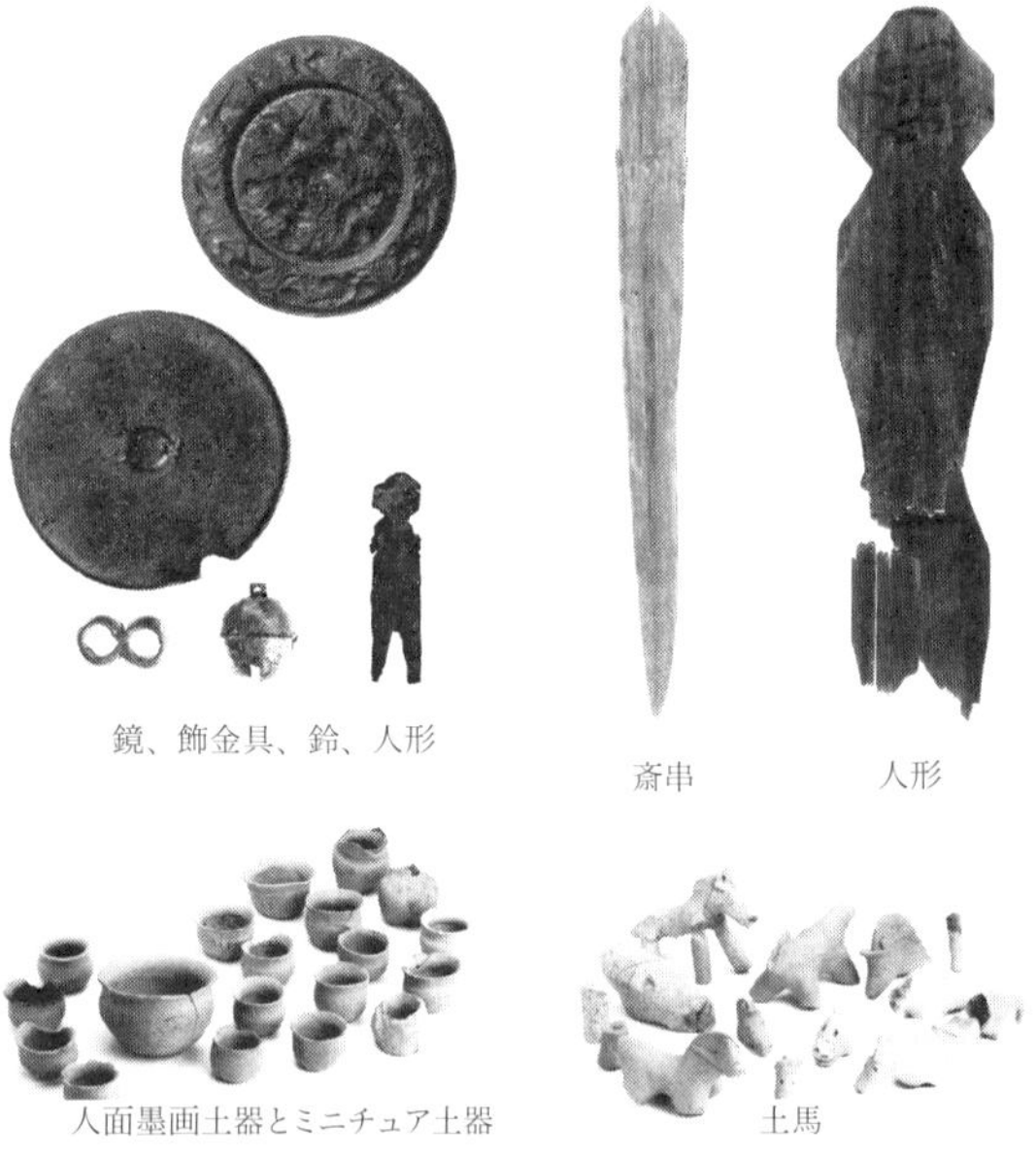

鏡、飾金具、鈴、人形

斎串　人形

人面墨画土器とミニチュア土器

土馬

祭りに使われた道具

66

土《ど》馬《ば》や土《ど》牛《ぎゅう》はどのようなものですか？

土馬や土牛は、馬や牛をかたどった小型の土製品で、主に祭祀《さいし》に用いられました。土馬の使用は古墳時代に始まりました。初期の頃の土馬には鞍《くら》など馬具《ばぐ》の表現がきちんとされていました。しかし、時代が新しくなるにつれてその表現が単純化し、大きさも徐々に小さくなっていきます。平安時代近くになると馬には見えず子犬のような形になります。土馬は出土場所が水《みず》際《ぎわ》であることが多いため、水に関わる祭祀に使用された可能性があります。また、疫病《えきびょう》を広める神様は馬に乗って来ると考えられていたので、その乗り物を壊すことで疫病の蔓延《まんえん》を防ごうとしていた可能性も考えられています。

土牛は土馬ほど出土していません。藤原京からは右京六条二坊（橿原《かしはら》市縄手町《なわて》）の奈良時代の井戸より後脚の片方だけが出土しています。確実な藤原京の時代の土牛の出土はありませんが、『続日本紀《しょくにほんぎ》』慶雲《けいうん》三年（七〇六）に土牛の記事が見え、どのように使用したのかが分かります。これによると、「全国で疫病が流行し多くの人民が亡くなったため、この時初めて土牛をつくって追儺《ついな》（一二月晦日《みそか》の悪鬼払い）の行事に使用した」とあります。

藤原京　土牛の後脚

藤原京　土馬

それではなぜ、土馬や土牛が使われるようになったのでしょうか。文献史料を見ると本来は本物を使用していたようです。『日本書紀《にほんしょき》』皇極元年（六四二）の記事よると、「雨乞《あまご》いの祭祀の時、神に捧《ささ》げる生贄《いけにえ》として牛馬を殺して諸《もろもろ》の社《やしろ》の上に祀《まつ》る」とあります。この祭祀は六四二年は、まだ国から容認されていたのですが、『続日本紀』天平一三年（七四一）の記事によると、国が生贄を使う祭祀を禁止しているにもかかわらず、民衆がやめないために新たな罰則が追加されています。もしかするとこの命令により、本物の牛馬の代用品として土製のものがより定着するようになったのかもしれません。この土馬や牛馬を使用した祭祀のなごりが、みなさんも神社で願い事などを書いて奉納する絵馬です。

67 占いはありましたか？

ついつい、当たるも八卦《※はっけ》当たらぬも八卦と口ずさんでしまいたくなるほどに、今もさまざまな占いがはやっています。新聞や雑誌で自分の一日や一週間の運勢を見て、一喜一憂していることも多いのではないでしょうか。

藤原京の時代にも占いはありました。占った内容を書いた木の板（木簡《※もっかん》）が、右京八条二坊（橿原《かしはら》市城殿《きどの》町）にある南北道路の溝跡から出土しています。書かれた内容を見てみると、占い方法まで分かるものでした。冒頭に記した八卦と呼ばれる占いで、依頼主は三五歳の男性です。この人は役人になる予定だったのでしょうか、この一年間行けば吉となる方角、行ってはいけない方角などの禁止行為、中吉という結果、「宮《みや》」に勤めるにはいつが良いかを占っていました。

その一方で、右京六条二坊（橿原市小房《おふさ》町）に当たる下ツ道の側溝《そっこう》からは、まじないの木簡が二点も出土しています。一つは、符籙《ふろく》と呼ばれる奇怪《きかい》な絵文字を描き、その下に文字がありま す。「今戌《いぬ》の日に死んでしまう人、または死んだ人」と読むのでしょうか、今ひとつ読み方がはっきりしません。けれども、前の読み方であれば人を呪《のろ》った内容となります。「死んだ人」と読むならば、「死んだ人を安らかにさせる」ため、あるいは、「再生を願う」ため、はたまた「悪《あく》霊《りょう》となって我が身に襲《おそ》いかからないように」と祈ったのでしょうか。いろいろ想像できる内容です。もう一つも意味はよく分かりませんが、奇怪な絵文字に日や鬼とともに「今すぐやりなさい」を意味する「急々如律令《きゅうきゅうにょりつりょう》」の呪文《じゅもん》が書かれています。

いずれにしても、占いは、今日と変わらず藤原京の時代を生きた人々を惹《ひ》きつけたのでしょう。（出土した遺跡は異なりますが、142頁も参照。）

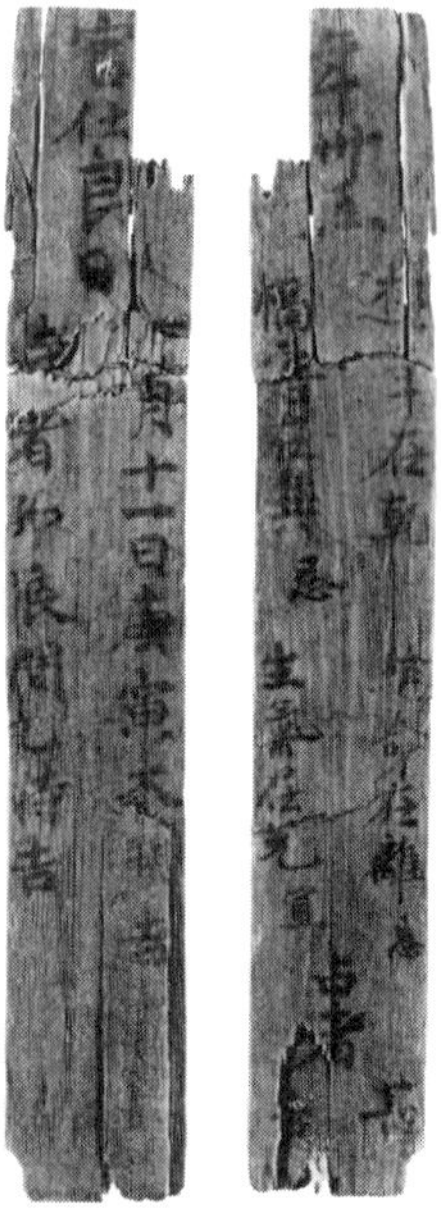

藤原京　八卦占い木簡

「年卅五　遊年在乾　絶命在離忌　甚
禍害在巽忌　生気在兌宜　占者　吉」

「宮仕良日　□〔三〕月十一日庚寅木開吉
時者卯辰間乙時吉」

〈藤原京の暮らし〉

68 人口はどれくらいでしたか？

現在の日本の人口は、五年に一度おこなわれる国勢調査の結果をもとにしています。しかし、藤原京の時代には、現在のように国勢調査はおこなわれていませんでした。

では、戸籍は？と思われる方がいらっしゃるでしょう。実は、藤原京の時代には、すでに全国的な戸籍がつくられていました。ですが、藤原京の時代の戸籍は、まったく残っておらず、その内容は分かりません。このように、藤原京の正確な人口を知るための記録は、残念ながら残っていません。

そこで、残されている文献史料や、発掘調査で得られたデータなど、さまざまな資料を用いて、人口の推定が試みられています。その一つに、藤原京内の宅地を与える基準に関する文献史料や、平城京の時代の一家族の人数に関する文献史料、藤原京の規模などを踏まえて、藤原京の人口を一～三万人とする試算があります。しかし、この試算にはいくつかの問題点があります。その一つに、藤原京の規模の問題が挙げられます。

最初の人口推定がされた時、藤原京の規模は、西を下ツ道《しもつみち》、東を中ツ道《なかつみち》、北を横大路、南を阿倍山田道とする東西約二・一km、南北約三・二kmと考えられていました。しかし最近の発掘調査の成果からは、藤原京の規模が、東西、南北とも五・三kmで、平城京を上回る規模であったと考えられています。また、藤原京内の宅地は、そのすべてが利用されていたわけではないということも明らかとなっています。

以上の藤原京の規模や、宅地利用の実態、さまざまな文献史料の検討を踏まえた試算では、藤原京の人口を三〜五万人としています。この数字から見て、藤原京がその時代、一番の人口密度を誇っていたことは、言うまでもありません。

69 どのような建物がありましたか？

藤原京には、さまざまな人が暮らしています。天皇をはじめとする皇族、貴族、役人、僧侶《そうりょ》、庶民など定住している人々、さらに税を運ぶ、あるいは都での仕事を命じられるなどの理由で地方から上京し、一定期間ここで生活を送る人々などです。このため、天皇が住まう内裏《だいり》、儀《ぎ》式《しき》や政治をおこなった大極殿《だいごくでん》や朝堂院《ちょうどういん》をはじめ、役所や寺院、貴族や役人の住居など身分や役職によって建物もさまざまなものがありました。

一方、建物は大きさや屋根の形に違いはあるものの、大きく二種類に分けられます。一つは、大陸から伝わった基壇《※きだん》と呼ばれる土をつき固めて築《きず》かれた高まりの上に礎石《※そせき》と呼ばれる石を置き、そこに柱を立て、屋根に瓦を葺《ふ》いた瓦葺礎石《かわらぶきそせき》建物です。もう一つは、直接地面に穴を掘り、電柱のように柱を立て、屋根に檜皮《ひわだ》や茅《かや》や板を葺いた飛鳥時代以前からの掘立柱建物《ほったてばしらたてもの》です。

瓦葺礎石建物は、藤原宮や寺院に限定して建てられていますが、この中のすべての建物に採用されたわけではありません。この建物は藤原宮では国家の儀式や政治をおこなう大極殿と朝堂院、そして仕事を始めるまで役人が待機している朝集殿《ちょうしゅうでん》といった立派な建物、寺院では塔《とう》や金堂《こんどう》、講堂《こうどう》など、主要な建物に限られていました。もう一つの掘立柱建物は、藤原宮で天皇がお住まいになっている内裏、そして日常的な業務を実際におこなう役所をはじめ、京内の皇族や貴族、そして庶民が実際に暮らす建物に採用されています。

このように二種類の建物が存在しますが、両者を比較すると多くは、我が国古来の掘立柱建物で占められていました。

瓦葺礎石建物

檜皮葺掘立柱建物

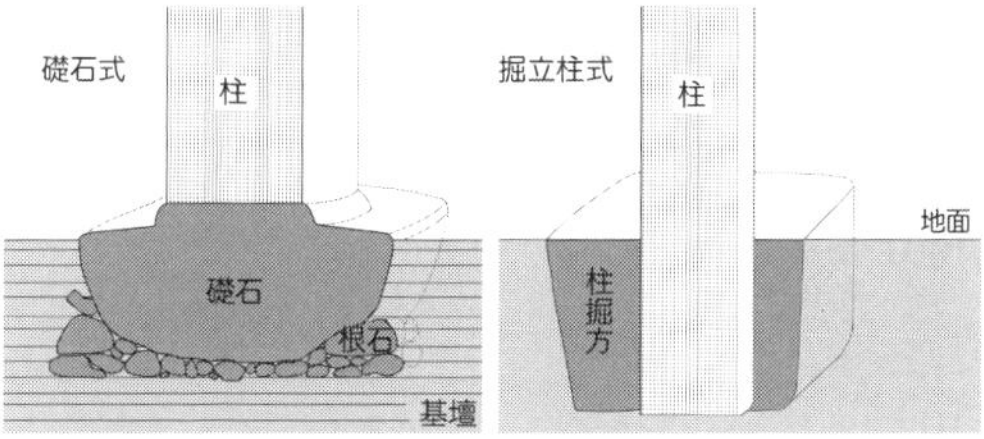

礎石建物と掘立柱建物

70 貴族や役人の家の敷地はどれくらいでしたか？

藤原京は、囲碁《いご》や将棋《しょうぎ》の盤のように横の路《みち》（条路《じょうじ》）と縦の路（坊路《ぼうじ》）を一定の間隔をあけて通し、そしてそれぞれの路を直角に交差させることで、整然と方形の区画（坪《つぼ》や町《ちょう》と呼ばれます）が並ぶ街を形づくっています。

その一方で、路には大きく大・中・小の三種類があります。道路の中心線を基準に一定の長さで区画を割りふっているため、大きい道路に面しているとその分敷地は狭くなります。反対に狭い道路に面していると敷地が広くなります。つまり区画の大きさに差が見られます。その違いを比べると、中・小の路に囲まれた区画がもっとも広く約一万五一八〇㎡、対して朱雀大路《すざくおおじ》沿いで大・小の路に囲まれた区画がもっとも狭く約一万三四八〇㎡で、一七〇〇㎡もの差があります。それでも、いずれの区画も、甲子園球場のグラウンド一個分に相当する大きさと言えますが。

ただし、この差はあまり重要ではなかったようです。というのも土地は国が所有し、貴族や役人の位《くらい》や役職《やくしょく》に応じて敷地の大きさを決めて支給するからです。『日本書紀《にほんしょき》』の持統五年

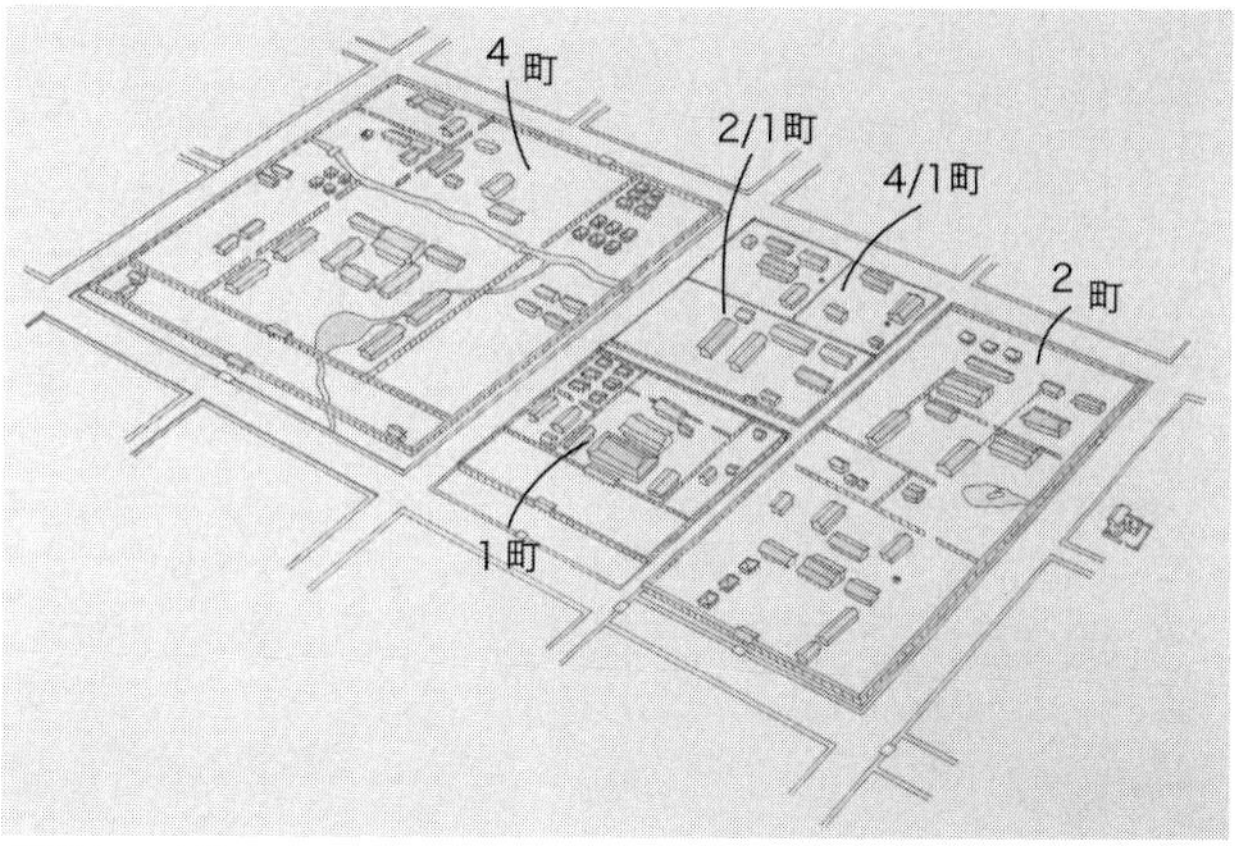

藤原京の宅地

（六九一）一二月の記事には、将来遷《うつ》る藤原京での暮らしを考えて、貴族や役人に支給する敷地の広さを取り決めたことが記されています。これによると右大臣（現在の総理大臣に相当）の敷地は、四町（甲子園球場のグラウンド〈以下同じ〉四個分）を最大に、四位《しい》以上や五位《ごい》の位を授けられた貴族にはそれぞれ二町（二個分）と一町（一個分）、そして六位《ろくい》以下の役人や庶民には家族の人数が多いか少ないかによってそれぞれ一町、半町、四分の一町と合計五つにランク分けされています。この他、発掘調査では、八分の一町と、さらに小さな敷地も明らかにされています。

いずれにしても、貴族や役人は位や役職に応じて貸与された敷地に住んでいたと言えます。そしてこのような敷地の大きさや支給方法は、後の平城京にも引き継がれることとなります。

71 貴族や役人、庶民の服装はどのようでしたか？

奈良時代の『養老律令《ようろうりつりょう》』には、儀式の時、五位以上の者が着る「礼服《らいふく》」、日常勤務の時、位がある者が着る「朝服《ちょうふく》」、無位の者が着る「制服」が決められていました。位によって色分けされ、視覚的に身分の上下が分かるようになっていました。その基本は飛鳥時代前半の推古天皇の時代に導入された朝鮮半島や中国の服装であったと考えられています。

男性は長袖《そで》の上着と白い袴《はかま》の組み合わせです。上着の長さはひざ下まであり、両脇《わき》にスリットが入っていました。腰には身分によって異なる飾りを付けたベルトをしていました。髪の毛は頭の上で硬くまとめてまげをつくり、冠《かんむり》や頭巾《ずきん》を被《かぶ》ります。白い足袋《たび》のような靴下をはいて、儀式の時には上等な革靴をはきました。

女性は長袖の上着に巻きスカートの組み合わせです。色使いや生地《きじ》は、夫や父親の身分以下の色を使って良いとされ、その範囲内でおしゃれが許されていました。特に髪型は何度も法律が改正されています。天武一一年（六八二）には後ろでひとつ結びにするよう決められました。高松塚《たかまつづか》古墳壁画に見られるような髪型です。その後、朱鳥《しゅちょう》元年（六八六）には結ばずに垂らした髪でも良いとされますが、慶雲《けいうん》二年（七〇五）には再び垂れた髪は禁止され、今度は頭上で結ぶように決められます。

庶民の服装はよく分かっていません。正倉院《しょうそういん》に伝えられる奈良時代の衣服の検討などから、模様もなく、染色もされない麻（生成《きな》りの麻）でつくられたと考えられています。奈良時代、戸籍に記された身体の特徴が、腕と向こうずねに集中することから、むき出しの腕にひざ上の袴だったとする研究もあります。はきものは下駄《げた》や草履《ぞうり》で、裸足《はだし》もあたりまえだったかと思われます。麻布《まふ》は「調」として各国から都に納められ、特に麻布が特産地であった東国では、原材料の栽培から機織《はたお》りまで、女性たちがすべて担《にな》っていた様子が『万葉集《まんようしゅう》』に詠まれています。現代のように大量生産できませんから、出来上がった服、一つ一つを大切に着ていたことでしょう。

女性の服装の復元

72 文字や言葉は？

藤原京の時代は平仮名《ひらがな》がなく、文字は漢字だけでした。そのため役人は多くの漢字を読み書きできなくてはならず、遺跡からは漢字の練習をした木簡《もっかん》もたくさん出土しています。文字そのものは現在使用している漢字とあまり違わず、極端に崩《くず》して書かれることもなかったので、比較的読みやすいと言えます。

文章を書く時には基本的には漢文で書きました。しかし遺跡から出土する木簡を読んでいると、当時書かれた漢文は正確な漢文ではなくて、語順がちょっと入れ替わっている部分が時々見られます。例えば藤原宮木簡には、

「謹啓。今忽有用処故醤及末醤欲給。恐々謹言。馬寮」
（謹啓《きんけい》。今忽《いそ》ぎ用いるところあり、故に醤《ひしお》及び末醤《みそ》を給《たま》わらんと欲す。恐々謹言《きょうきょうきんげん》。馬寮《めりょう》）

と書かれています。本来の漢文ならば「故欲給醤及末醤」となります。これは漢文を間違えて書いているのではなく、当時の日本語の語順に従って書いていることが分かっています。日本語の語順で書いたものに宣命《※せんみょう》書《が》きがあります。これは送り仮名をやや小さく漢字で書いていま

す。『続日本紀《しょくにほんぎ》』文武元年（六九七）八月庚辰《こうしん》条には、

「詔曰。現御神〈止〉大八嶋国所知天皇大命〈良麻止〉詔大命〈乎〉集侍皇子等、王等、百官人等、天下公民、諸聞食〈止〉詔。」（〈 〉内が送り仮名）。

（詔《みことのり》して曰《のたま》はく、現御神《あきつみかみ》と大八嶋国《おおやしまぐに》知らしめす天皇《すめら》が大命《おおみこと》らまと詔《の》りたまふ大命を、集《うごなわ》り侍《はべ》る皇子等《みこたち》、王等《おおきみたち》、百官人等《もものつかさのひとども》、天下公民《あめのしたのおおみたから》、諸《もろもろ》聞《き》きたまへと詔《の》る。）

で始まる文武《もんむ》天皇の宣命がのせられています。

漢文調ではない日本語そのままの表記法としては万葉仮名《まんようがな》がありました。漢字の音や訓を借りて一字一音で表記するこの方法は『万葉集《まんようしゅう》』の他に木簡や金石文《きんせきぶん》（金属や石に記された文字）などにもしばしば見られます。

人々が使っていた言葉は『万葉集』に書かれている言葉と同じだと考えられます。発音は現在よりも複雑でした。母音ではeとye、oとwo、koとköの区別がありました。子音も違っていたようで、例えばハ行は当時、パ行で発音されていたと考えられています。「藤原宮」を当時の人たちは「プジパラノミヤ」と発音していたのでしょうか？

73 藤原京での仕事は？

藤原宮では、正門である朱雀門《すざく》を入って正面に朝堂院《ちょうどういん》がありました。朝堂院は中央が朝庭《ちょうてい》という広場になっており、それをコ字形に囲うように十二堂からなる朝堂が置かれます。儀式の際にはこの朝庭に役人たちが並び、朝堂では役人たちが席に着いて実際の仕事に当たりました。朝堂院の周囲にはさらに実務をおこなう役所が配置されました。この役所についても具体的な姿が発掘調査によって少しずつ明らかになってきています。

朝堂院の西側では、南北の長さが約五〇mもの長細い建物が三棟見つかっています。北側には東西に長い建物も配置されていて、中央に広場が設けられています。この広場からは、南北三二m、東西六・五mの長方形の掘り込みが見つかりました。後の時代の平城宮や、平安宮の資料と比較してみると、馬を飼育・管理していた馬寮《めりょう》ではないかと考えられます。細長い建物は馬小屋で、広場の掘り込みは馬たちの水飲み場や水浴び場だったのでしょう。

朝堂院の東側では、建物跡が多く見つかっていますが、この役所の性格を考える上で重要な、文字の書かれた土器が出土しています。例えば「加之伎手官《かしきてのつかさ》」と墨で書かれたものがあります。

「かしぎ」は炊事をするという意味の言葉なので、宮に住む天皇たちの日々の食事や、宴会の準備などがここでおこなわれていたのかもしれません。

他にも、「※造酒司《ぞうしゅし》」、「※典薬寮《てんやくりょう》」、「※織部司《おりべし》」、「※園池司《えんちし》」、「※画工司《がこうし》」など、役所名が書かれた木簡がたくさん出土しています。藤原宮内ではさまざまな仕事があったようです。

役人の仕事以外にも、藤原京では多くの仕事がありました。貴族の邸宅では、貴族たちの生活を支える召使いも勤めていたでしょう。寺院には仏教を研究し、教えを広める僧や尼がいました。その他、建物を建てる大工、市で働く人々などいろいろな仕事を持ったさまざまな人が集まって、藤原京という都市を形成していました。

74 藤原京での仕事は何時から始まりましたか？

仕事は、日の出とともに始まります。

藤原宮に勤める役人は、夜明け前に出勤してきます。水時計によって時間の管理をしている役所（陰陽寮《おんみょうりょう》）があり、鐘《かね》あるいは太鼓《たいこ》の音で時間を知らせます。宮の門が日の出とともに開くのを待って宮内に入り、入ってすぐの朝集殿で出勤のチェックを受けた後、それぞれの仕事をおこないました。仕事は基本的には昼までです。けれども、残業もしていたようです。平安時代では、役人は午前六時半までには出勤し、真夏で午前九時二四分、真冬で午前一一時一八分まで働いていました。

役人は、年に一度、仕事のでき具合が評価（考仕《こうし》）されました。また、四年か六年ごとに成績次第では昇進（成選《じょうせん》）することもできました。今のサラリーマン社会とまったく同じです。しかし、どんなにがんばっても、下級役人が大臣になることはできません。貴族が優遇され、血統が重視された厳しい身分社会でした。

給料は品物で支給されます。全国から税として集められた布や糸が年に二回、役人に配られました（季禄《きろく》）。足りないものは、午後から開かれる市で、手に入れます。その他、野菜や雑穀《ざっこく》などは自分たちで栽培もしていたようです。

人々は、日の出とともに働き、日の入り後は家で休みました。今のように明かりがたくさんある時代とは違いますから、明かりに使う油を節約するために自然に合わせた生活を送っていたのです。それにしても、冬の奈良盆地は非常に寒く、夜明け前に支度《したく》をして出勤するのはとても大変だったでしょう。

75 木簡《もっかん》はどのように使われましたか？

藤原京の時代には紙は貴重品であったので、日常的な短い文章のやりとりなどには紙ではなく木の板に墨で文字を書いていました。木簡を研究する全国の研究者が集まる木簡学会では「木の板に墨で文字を記したもの」を木簡と定義しています。木簡には次のようなものがあります。

文書木簡《もんじょもっかん》　人と人、役所と役所の間で交わされる文書です。『大宝律令《たいほうりつりょう》』の施行後は「符《ふ》」（上級から下級の役所への命令）・「解《げ》」（下級から上級の役所への上申）など律令で規定された書式（マニュアル）で書かれた文書が一般的になります。

記録木簡　他とのやりとりがなく一定の場所で書かれる帳簿のようなものです。印を押す必要のある重要な公文書や戸籍・計帳などの帳簿には紙が使用され、木簡は紙と併用されました。藤原京の役所には巻物や木の板が山のように積み上げられたことでしょう。

荷札木簡《にふだもっかん》　地方から都に税を納める時に荷物に付けられた札で、「国《こく》・評《ひょう》（郡《ぐん》）・里《り》」といった地名や、どこの誰が何をどれだけいつ納めたかが書かれ、藤原京の時代の全国の地名や産物、居住者などの情報を知ることができます。荷札木簡の端には、紐《ひも》で括《くく》り付けるための切り込みが見られ、地方ごとに形状に特徴があります。

習書《しゅうしょ》木簡　文字の練習や文書の下書きをしたものです。「※論語《ろんご》」や「※千字文《せんじもん》」などが練習に書かれました。

大宝元年（七〇二）の『大宝律令』の完成、施行によって、木簡の書き方が大きく変わりました。それは、木簡を記した日付をどの場所に書くのか、という点です。七世紀までは日付は木簡の最初の部分に書かれていました。また年を表記するのには干支《かんし》が用いられていました。しかし、大宝元年から元号が使用されるようになると、木簡の日付は文末に「大宝元年〇月〇日」と表記されるようになりました。それは、『大宝律令』で公文書の書式についても「公式令《くしきりょう》」で定められたからです。

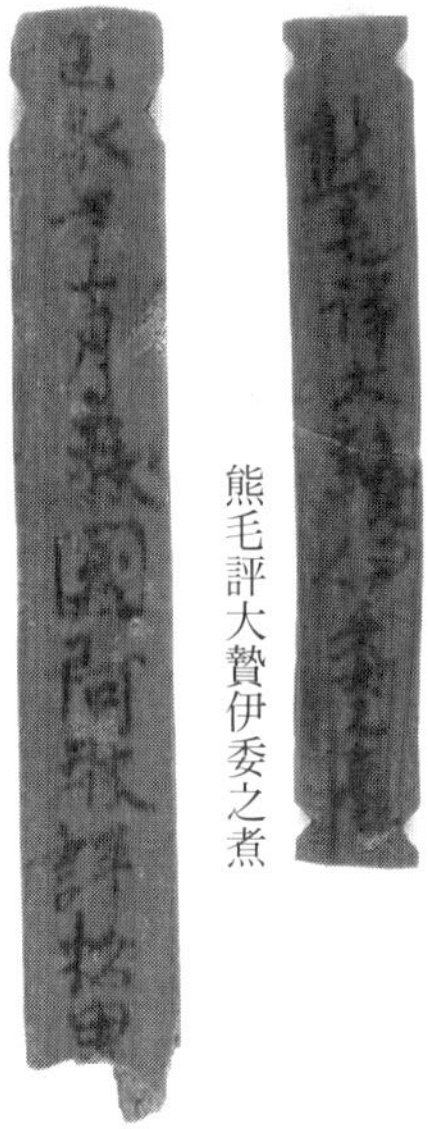

熊毛評大贄伊委之煮

己亥年十月上挟國阿波評松里……

藤原宮　荷札木簡

76 墨書《ぼくしょ》土器には何が書かれていましたか？

土器の表面に墨で文字を書いたものを墨書土器といいます。藤原京から平城京の時代はもっともたくさんの墨書土器が見られる時代です。藤原京の前の都であった飛鳥にも墨書土器はありましたが出土量は比較的少なく、藤原京の時代になってその数が飛躍的に増えます。墨書された内容はさまざまですが、器《うつわ》の所有者名を記したもの、器を管理する組織（役所や寺院など）の名を記したものなどが一般的です。

藤原宮の発掘調査で「宇尼女ツ伎《うねめつき》」と書かれた須恵器《すえき》の蓋《ふた》が見つかりました。「宇尼女」は宮廷に仕えた女官である采女《うねめ》のことで、「ツ伎」は器の種類（この場合はお椀《わん》のことを指す「杯《つき》」）です。采女が使用したお椀にかぶせられた蓋なのでしょう。役所名を記したものとしては「加之《かし》伎手官《きてのつかさ》」と書かれたものがあります。食事に関する役所名（膳職《かしわでのつかさ》）と見られ、「…のつかさ」という役所名の表記から『大宝律令』以前のものであることが分かります。香具《かぐ》山《やま》の西麓では「香山《こうぜん》」と書かれた土器が多数見つかりました。「香山」は香具山のことです。発掘調査では運河や井戸も発見されていて、奈良時代初め頃の木簡が一緒に出土しているので、天平二年

（七三〇）の『※大倭国正税帳《やまとのくにしょうぜいちょう》』に見える「香山正倉」と関わる可能性が高く、藤原京の時代から続く施設と見られます。

この他に土器の側面に人の顔を描いた人面墨書土器と呼ばれる墨書土器もあります。藤原京右京六条二坊（橿原《かしはら》市小房《おふさ》町）では、下ツ道《しもつみち》東側溝から金属製人形や鏡や銭貨、剣などをかたどった形代《かたしろ》などとともに人面墨書土器が多数出土しています。律令国家の祭祀《さいし》の一つである「大《おお》祓《はらえ》」に関わる祭りの道具と見られています。

藤原宮　墨書土器

宇尼女ツ伎

77 どのようなお金が使われましたか?

藤原京では「和同開珎」が使われていました。「珎」を「珍」と読んで「わどうかいちん」と読む説と、「珎」を「寳」の省画文字《しょうかく》（文字の一部を省略して表した文字）として「わどうかいほう」と読む説とがあります。和同開珎には銅銭の他に銀銭もあり、銅銭は和銅元年（七〇八）八月に鋳造《ちゅうぞう》が開始されましたが、実は銀銭はそれよりも早く同年の五月に発行されています。

これより古い銭貨には無文銀銭《むもんぎんせん》があります。これは直径約三㎝の円形の銀板の中心に小さな穴が開いたもので、表にも裏にも模様や文字がありません。主に近江《おうみ》や飛鳥《あすか》、すなわち天智《てんぢ》天皇や天武《てんむ》天皇の頃の遺跡から出土するものです。もともとは貨幣として銀が使われることが一般的だったようなので、和同開珎を流通させる際にも、最初は和同銀銭を発行してその後しだいに銅銭を流通させていき、翌年に銀銭の使用を禁止することにより銅銭の流通の促進をおこなったものと考えられます。

藤原京では和同開珎発行前にも銭貨が使用されていました。富本銭《ふほんせん》です。『日本書紀《にほんしょき》』天武一二年（六八三）の記事には「今後は銅銭を使用せよ。銀銭を使用してはならない」という詔《みことのり》

無文銀銭

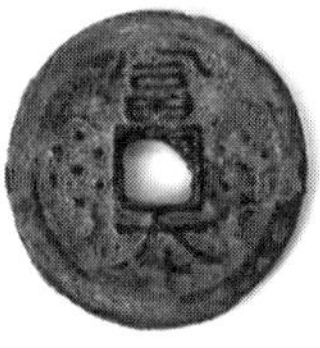

富本銭

和同開珎（銀銭）

が見えます。ここに見える「銀銭」は無文銀銭を指していると見てよいでしょう。その後の記事にも銭貨を鋳造する役所に関する記事があるので、和同開珎以前に本格的な銭貨が発行されていたことが分かります。富本銭は、何カ所かで出土していましたが、長らくまじないのための銭貨と考えられてきました。しかし、※飛鳥池《あすかいけ》遺跡（明日香村飛鳥）の発掘調査でこの富本銭が七世紀後半に飛鳥の地で作られていたことが判明しています。天武一二年の記事に見える銅銭はこの富本銭と見てよいでしょう。ただし富本銭の出土は和同開珎の出土量よりも少なく、どれほど流通していたかは明らかではありません。

78 市（市場）はありましたか？

飛鳥時代の市場としては軽市《かるのいち》（橿原市大軽町付近《かしはらしおおがるちょう》）と海石榴市《つばいち》（桜井市金屋付近《かなや》）がよく知られています。

藤原京で制定された『大宝律令《たいほうりつりょう》』には東西市の規定があり、藤原京にも市がありました。藤原宮から出土した宮城門《きゅうじょうもん》の通行証木簡《つうこうしょうもっかん》には、藤原宮北面中央の門（猪使門《いつかいもん》）を通って宮内から市に糸を売りに行くということが書かれています。

藤原京のどこに市が置かれていたのかは正確には分かっていませんが、手がかりがまったくないわけでもありません。Q35でもふれましたが、藤原宮の北東には市杵島神社《いちきしま》（橿原市石原田町《いしはらだ》）が現在あります。この神社は市を守護する神としてまつられたものと考えられます。市は交通の便利な場所に設置されることが一般的であり、この神社の所在地も中ツ道《なかつみち》と横大路の交差点付近に当たります。藤原宮との位置関係を考えると、ここが東市ではないでしょうか。さらに左右対称に考えると下ツ道《しもつみち》と横大路の交差点付近が該当し、ここに西市があった可能性も考えられます。下ツ道の東側溝は幅が広く運河としての利用も可能であったことが分かっていて、物流の点で適していたと考えられます。この場所は「札《ふだ》の辻」とも呼ばれ、後世も市場や高札場《こうさつじょう》などとして利用されました。ただし、もう一つの市杵島神社（橿原市新賀《しんが》町）はさらに北方に位置します。市の場所は、さらなる検討が必要でしょう。

律令の規定によると、市は左京と右京に分かれる都を管理する役所である左京職《きょうしき》と右京職の監督のもとで東市司《いちのつかさ》と西市司により運営されました。市は正午から日没まで開かれ、店ごとに札《ふだ》が立てられてさまざまな商品が売買されました。販売価格や、秤《はかり》や枡《ます》などの計量器具は政府によりチェックされ、欠陥品や偽物《にせもの》の販売は禁止されていました。また市以外での個人売買は禁止されており、市内の取引では男女は座る場所を別にしなくてはなりませんでした。

79 カレンダーや時計はありましたか？

藤原京の時代、陰陽寮《おんみょうりょう》という役所が占いや天文観測、暦《こよみ》（カレンダー）の作成、時刻の管理などをおこなっていました。暦をつくる人を暦博士、時刻を管理する人を漏刻博士《ろうこくはかせ》といいます。藤原京の時代の暦は、その日の干支《かんし》や吉凶などを書き込んでいて、これを具注暦《ぐちゅうれき》といいます。毎年一一月一日までに翌年の暦をつくり、藤原京や各地の役所へ配りました。具注暦は紙に書かれた巻物ですが、一年分で長さが約一〇mにもなります。とても使いにくいので、一〜二カ月分だけを板に書き写して使用していたようです。このようにして使った板が、※石神《いしがみ》遺跡（明日香村飛鳥）から見つかっています。

藤原京の時代の時計は、※漏刻という水時計でした。漏刻は、水のたまる時間を利用して時刻を計る道具です。これは、水の流れる量を一定にするために、階段のように水槽を並べた作りで、それぞれの水槽は細い管でつながっていて、上の水槽に水を入れると、水は上の水槽から下の水槽へ、同じ速さで流れてたまっていきます。一番下の水槽には浮きのついた物差しがあり、水がたまって浮いてくると目盛りを読んで時刻を計ります。飛鳥水落《みずおち》遺跡（明日香村飛鳥）

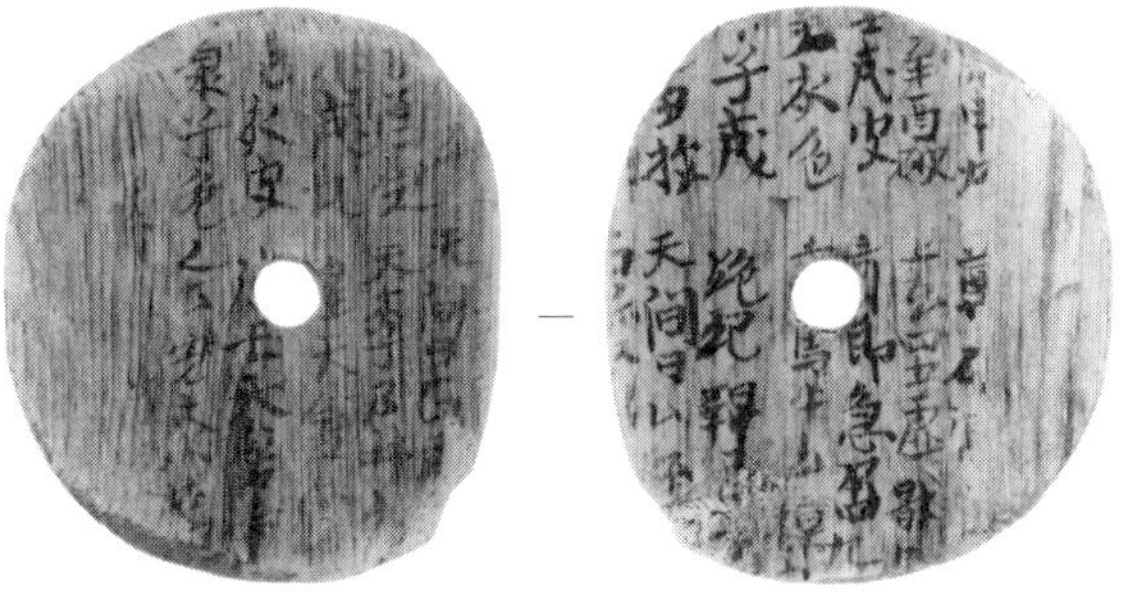

石神遺跡　具注暦

では実際に斉明《さいめい》天皇の時期の漏刻の跡が発見されていますが、藤原京の漏刻はまだ見つかっていません。漏刻で時間を読み取ると、今度は鐘や太鼓を打ち鳴らして、藤原京の人々に時刻を知らせました。『延《えん》喜式《ぎしき》』によると、三〇分ごとに、決まった回数だけ鐘と太鼓を打っていたようです。このように、藤原京の人々は、音を聞いて時刻を知りました。

こうして、藤原京の人々は、同じ暦や時刻を使って、同じリズムで仕事や、生活をしていました。

80 トイレやトイレットペーパーはありましたか？

人間が食べた物を消化し、排せつする。この行為はいつの時代もかわりないものです。藤原京では国内で初めてのトイレが見つかっています。

それは、直径一・六m、幅〇・五m、深さ〇・四mほどの南北に長いだ円形の穴で、底には木《き》杭《ぐい》が四本、長方形の形に打ち込まれていました。現在のくみ取り式トイレのようなもので、杭に板を渡していた様子が復元されています。そして穴の中には排せつ物が黒い有機土となって残っていました。調査ではこの土を持ち帰り、非常に細かい物質まで選別する水洗いの方法で、魚（カタクチイワシ）の小骨や種（ウリなど）・花粉を見つけたり、寄生虫《きせいちゅう》の卵などを顕微鏡《けんびきょう》で確認したりして、トイレであることを認定しました。この調査によって、藤原京の時代の食生活や衛生状況、生活環境なども復元できるようになりました。

このようなトイレ遺構からは、現代のトイレットペーパーの代わりに用いられていた籌木《ちゅうぎ》と呼ばれるヘラ状の木切れが見つかることがあります。この木切れの存在がトイレである証拠ともなります。当時の紙は貴重品でしたので、現在のようにふき取り用に紙を用いることはでき

トイレ模型

藤原京　籌木

なかったと考えられています。

また、現在の水洗式トイレに近い構造のトイレ遺構も見つかっています。これは、幅〇・五mほどの溝を掘り、そこへ用を足した後、引き入れた水で排せつ物を流す方法と考えられています。「川屋《かわや》」「厠《かわや》」の語源ともなる構造です。流された排せつ物はそのまま藤原京内の溝を流れて河川にたどりつき、自然浄化されました。

今と違い下水道のある時代ではありません。多くの人々が集まった藤原京内には汚水だけでなく、多くのゴミも生み出されたものと思われます。『続日本紀《しょくにほんぎ》』の慶雲《けいうん》三年（七〇六）三月の記事には「京城の内外に多く穢臭《いしゅう》有り」と記されており、京内には悪臭が漂《ただよ》い、病気も広がったようです。藤原京の時代は、住環境の悪化という都市問題が、初めて起こった時代でもありました。

81 薬はありましたか？

藤原宮跡の発掘調査では、薬名の書かれた木簡《もっかん》が見つかっています。木簡には、薬の入れ物に付けた付札や荷札の他、薬と薬を混ぜ合わせて、別の薬をつくる方法を書いた処方箋《しょほうせん》、さらに薬を請求する木簡もあります。

薬の名前には、現在も使われている漢方薬と同じものがたくさんありました。例えば、身体を丈夫で元気にしてくれる「人参《にんじん》」、利尿剤の「車前子《しゃぜんし》」や「商陸《しょうりく》」、咳《せき》や痰《たん》、熱を取り除いてくれる「防風《ぼうふう》」や「桔梗《ききょう》」、「麦門冬《ばくもんとう》」、頭痛や喘息《ぜんそく》に効く「麻黄《まおう》」、便秘に効く「大黄《たいおう》」、解毒剤の「升麻《しょうま》」、精神安定剤の「龍骨《りゅうこつ》」などです。これらの薬には、植物だけではなく、「龍骨」のように、マンモスや象などの骨や牙《きば》の化石も含まれています。

藤原京の薬は、外薬寮《げやくりょう》（後の典薬寮《てんやくりょう》）の薬園で栽培されるものと、税として日本各地から集められたもの、外国から入手したものなどがあります。外国のうち、朝鮮半島の新羅《しらぎ》からは、たくさんの薬がもたらされました。そして、藤原京の薬の管理は、宮中では内薬官《ないやくかん》（後の内薬司）が、宮中以外では外薬寮（後の典薬寮）がおこないました。

『日本書記』によると、藤原京の時代には、東は北陸地方から西は中国地方まで、全国各地で病気が流行しています。病気が流行すると、藤原京から各地にお医者さんと薬を送って治療しました。病気については、Q50で述べましたので、そちらをご覧ください。

高井郡大黄

麦門冬三合

藤原宮　薬の木簡

82 正倉院《しょうそういん》に藤原京の時代の調度品はありますか？

聖武《しょうむ》天皇の遺愛の品々を光明《こうみょう》皇后が東大寺へ納め、それを収納した倉庫が正倉院です。毎年秋に奈良国立博物館で開催される「正倉院展」は、奈良の、そして日本の年中行事にもなっています。その宝物の中に聖武天皇の血統を考える上でも、興味深い調度品《ちょうどひん》（家具）が現存しています。

その名を「赤漆文欟木御厨子《せきしつぶんかんぼくのおずし》」と言い、ケヤキ（欅）材でつくられた厨子です。厨子とは、小型の仏像や経典・書巻などを収納するための物入れです。名前の由来は、木地の表面に蘇芳《すおう》という植物から取られた染料を塗って赤色に染め、さらに漆塗り仕上げされていること（赤漆）、そして文目《あやめ》と呼ばれる美しい木目模様のあるケヤキ材が使われていること（文欟木）によります。

そしてこの厨子の所有者について、『東大寺献物帳《けんもつちょう》』（天平勝宝八歳〈七五六〉に作成された東大寺大仏への奉納品記録台帳）に詳しく記されています。それによると、もとは天武天皇の所持品で、持統《じとう》天皇、文武《もんむ》天皇、元正《げんしょう》天皇、聖武天皇へと受け継がれた後、聖武天皇の皇女であった孝謙《こうけん》天皇に伝えられ、いま東大寺大仏へ献上した品であると記されています。

また調度品ではありませんが、「黒作懸佩刀《くろつくりかけはきのたち》」も藤原京の時代からの遺品であることが『東大寺献物帳』に記されています。本来この刀は、天武天皇の皇子であった草壁皇子《くさかべのみこ》の常用刀でしたが藤原不比等《ふじわらのふひと》に与えられ、さらに不比等から文武天皇に献上された後天皇の崩御後再び不比等へ与えられ、後に聖武天皇へ献上された品とあります。

これらの遺品を目にすれば一三〇〇年以上の時を越えて、藤原京の時代の宮廷文化、そして天皇らが自身の先祖をしのんでいた「心」に触れることができるのではないでしょうか。

赤漆文欟木御厨子（正倉院宝物）

〈藤原京の食事と楽しみ〉

83 飲料水はどのようにしていましたか？

水は、人間が生きていく上では欠かせないものの一つであり、それを確保することは大変重要です。実際に、八〇〇〇年以前にさかのぼる縄文《じょうもん》時代以来の集落《しゅうらく》が営《いとな》まれた場所を見ると、川や湧《わ》き水のそばなど水が簡単に確保できる場所を選んでいることが分かります。

藤原京の中にも、飛鳥《あすか》川や米《よね》川などの河川が流れ込んでいます。しかし、これらの川は、京内の排水が集まる場所であったため、川の水が飲料水としてどれほど利用されていたのかには、疑問が残ります。また、藤原京には、現在のように水道は整備されていませんでした。日本で、多くの人々が集住する都市に水道が整備されるのは、もっと後の江戸時代になってからのことです。

では、藤原京に住む人々は、どのように飲料水を確保していたのでしょうか？　その答えは、井戸です。地面に井戸を掘り、地下水をくみ上げ、飲料水として利用していました。藤原京内の宅地は、『日本書紀《にほんしょき》』持統五年（六九一）一二月の記事にもあるように、貴族などの上級の役人から下級の役人まで、その身分に応じて細かく面積を決め、分け与えられていました。井戸は、その宅地ごとに必ず一つはつくられていたようで、藤原京内の宅地を発掘調査すると、実際に井戸が見つかることが多いです。

　これら、藤原京内で発掘された井戸を見ると、長い板を縦方向に使ったり、短い板を横方向に使い、四角形に組んで枠としたものが多くあります。その大きさは、一辺一m弱のものがほとんどです。また、井戸の中からは、水をくむための釣瓶《つるべ》として使われた土器も出土しています。

　こうした水の確保の問題は、集落から都市への集住という生活スタイルの変化がもたらしたものと言えるでしょう。

縦板組の井戸

横板組の井戸

84 天皇や貴族はどのような食事をしていましたか?

藤原京の時代の天皇や貴族が、どのような食事をしていたのかは、藤原京の発掘調査で出土した木簡《もっかん》や、『万葉集《まんようしゅう》』、後の平城京の時代の『正倉院文書《しょうそういんもんじょ》』など、さまざまな史料に見られる食べ物の名前から知ることができます。

藤原京の時代も主食は、お米でした。それも、今の私たちが食べているのと同じように、ヌカなどを取って精米した白米を食べていました。また、もち米や赤米も食べたようです。次に、副食となるおかずは、各地から納められたさまざまな食材をもとに調理されたものでした。それらの食材について見ると、海の幸である魚介類から、山の幸である山菜類、野菜類や肉類などがあります。それぞれの種類について細かく見ると、今の私たちになじみのあるものから、ないものまであります。山菜を例にすると、今でも一般的に食べられている蕨(ワラビ)や蒜(ノビル)のほか、葵(アオイ)や羊蹄(ギシギシ)といったものも食べられていたようです。

さて、これらの食材は、どのように調理されていたのでしょうか? 海の幸である魚介類については、生では食べられていなかったようです。それは、藤原京が海に近い場所にあるとは言えないこととも関係しています。生で食べるには鮮度の問題がありますので、藤原京に運ばれたのは、産地で干物や熟鮨《なれずし》などに加工されたものがほとんどでした。その他の山菜類や野菜類、肉類などの食材は、そのまま生で食べたり、煮たり、焼いたり、漬けたりしていたようです。また味付けについては、塩味以外に、今の私たちが一般的に使う調味料や香辛料がすでに使われていました。そして、宴会などでは、食事とともに日本酒の原形になるようなお酒も飲まれていました。

藤原京の時代の天皇や貴族の食事は、当時の先進地である中国などの影響があります。藤原京の時代の日本は、中国や朝鮮半島の先進的なあらゆる文化を積極的に取り入れていました。それは、食事文化にもおよんだのでした。

85 庶民はどのような食事をしていましたか？

藤原京の時代の天皇や貴族の食事については、木簡《もっかん》やさまざまな文献史料からある程度知ることができますが、庶民の食事については、それを示す記録があまりありません。しかし、天皇や貴族の食事と比べて庶民の食事は、とても質素なものだったと考えられます。

主食については、天皇や貴族と同じく庶民もお米を食べていました。しかし、その食べ方に大きな違いがありました。天皇や貴族は、今の私たちとおなじように、お米についているヌカなどを取って精米した白米を食べていましたが、庶民は、モミ殻《がら》を取っただけの玄米を食べていました。ヌカを取っていない玄米は、白米に対して黒米と呼ばれていたようです。また、庶民の中には玄米も食べることができず、アワやヒエ、キビといった雑穀《ざっこく》を主食とすることしかできない人々もいました。また、麦や豆も栽培し、足りない分の足しにもしていたでしょう。

次に、副食となるおかずについて見てみましょう。天皇や貴族のおかずは、各地から納められたさまざまな食材をもとにしており、その種類も豊富なものでした。庶民は、住んでいる場所の周辺で得た食材をおかずとしていました。海に近ければ海の幸を、山に近ければ山の幸を食べていたと考えれば、一見贅沢《ぜいたく》そうに見えますが、実際には自然に左右されて収穫が不安定だった可能性もあります。

　このように、多くの人々の食事は、「一汁《いちじゅう》一菜《いっさい》」、つまり、ご飯に汁物とおかず一品がつくかつかないか程度のものであったと考えられます。それでも、まともに食事も取れないほどの貧しい人々に比べたら、十分なものだったかもしれません。

貴族の食卓

下級役人の食卓

庶民の食卓

古代の食事の復元

86 どのような食器を使っていましたか？

藤原京の時代に使われていた食器は、土でつくられた土器が一般的でした。その種類には、素焼きで赤茶色の土師器《※はじき》と窯焼きで灰色の須恵器《※すえき》がありました。その他には、木でつくられた木器、木器に漆を塗った漆器《しっき》、さまざまな金属でつくられた金属器などがありました。

土師器や須恵器といったら藤原京の時代よりも前の古墳時代と変わらないのでは？と思われる方がいるかもしれません。しかし、その種類が同じでも、古墳時代と藤原京の時代では、食器の形が大きく違っていました。それは、藤原京の時代の社会状況と深い関《かか》わりがありました。藤原京の時代より少し前から、人々は、中国や朝鮮半島の進んだ文化を積極的に取り入れていました。それは、食事文化も例外ではありません。

先進的な食事文化は、まず天皇や貴族などに取り入れられます。最初に例に挙げた金属器は、まさに先進的な食事文化で用いられる食器の象徴のようなもので、漆器と並んで、天皇や貴族など一部の人しか使えない高級な食器でした。この先進的な食事文化に伴う金属器の使用が、土師器と須恵器の形の変化に大きな影響を与えました。

藤原京　土器

先進的な食事文化は、給食などの制度として役人層にも取り入れられますが、高級な金属器を使うことはできません。そこで、これまでも一般的に使われていた土師器と須恵器を金属器に似せることがおこなわれたのです。

藤原京の時代には、その身分によって、使うことのできる食器の材質と種類が決められていました。金属器に似せられた土器を使っていた人々は、本物の金属器に憧《あこが》れをいだきながら、日々の食事をしていたことでしょう。

87 箸《はし》は使われていましたか？

箸は、私たちの日々の食事で、欠かせない道具の一つです。日本では、箸を使って食事することは一般的ですが、もともと庶民が使える道具ではありませんでした。

箸を使った食事の方法は、中国で始まり、今でいうスプーンのような匙《さじ》とセットで金属製の箸が使われていました。日本へは、朝鮮半島を経由して、飛鳥時代に伝わったと考えられます。飛鳥時代の日本は、中国大陸や朝鮮半島の先進的なあらゆる知識を積極的に取り入れようとしていた時期で、箸を使った食事法もその一部として取り入れられたものだったのです。当然のことながらそれはまず、天皇や貴族などの上層階級の人々に取り入れられました。

では、藤原京の時代には、箸は使われていたのでしょうか？　金属製の箸は、藤原京の時代の前に伝えられていたと考えられますが、金属製の道具を使えたのは、一部の人に限られていました。金属製以外、つまり木製の箸について見てみると、天皇の宮殿である内裏《だいり》や役所のある藤原宮をはじめ、藤原京の中からは、まったく出土していないため、まだ一般的には使われていなかったと考えられます。そして次の平城京の時代に、ようやく木製の箸が出土するようになります。しかし、箸が出土するのは天皇の宮殿や役所のある平城宮が中心で、京内からはあまり出土していません。このことから、平城京の時代になって、ようやく貴族以外の役人層にも箸が普及してきたと考えられます。しかし、一般庶民への箸の普及は、平城京の次の長岡京や平安京の時代を待たねばなりませんでした。

このように見ると、日本に箸が伝えられてから一般に普及するまで、二〇〇年近い年月が必要であったことがわかります。

88 その他、食事の様子はどのようでしたか？

ここでは、さらに藤原京の時代の食事の様子を見てみます。

まず、米はどのように加工していたのでしょう。現代の調理方法のように、水に漬けて炊く方法も普及していたようですが、古代では甑《こしき》という土器を使って米を蒸して食べる方法が一般的であったようです。山上憶良《やまのうえのおくら》が『貧窮問答歌《ひんきゅうもんどうか》』に甑にクモの巣が張って…と詠《よ》んでいることや、発掘調査で甑や竈《かまど》などが出土していることは、米を蒸して食べたことを示す一例と言えるでしょう。さらに、水分の多い粥《かゆ》や、一度炊いた米を乾燥させた糒《ほしいい》、餅《もち》などに加工して食べていたことも分かっています。

次に肉ですが、基本的にあまり食べていなかったようです。しかしイノシシやシカ、鳥類は食べており、肉だけでなく、脳や内臓も食べていたことが分かっています。貴族の宴会ではキジが出されていました。馬や牛も食べられていたようですが、それは家畜として役に立たなくなったものを食べたと見られています。しかし実際、肉などを食べていたのはごく一部の高い身分の人に限られたでしょう。七世紀後半代の天武《てんむ》天皇の時代には、国の政策として仏教を取り入れていく中で肉食が禁じられます。その対象は馬や牛・サル・イヌ・ニワトリでした。

また、人々の食卓には肉類よりも魚介類がのぼることが多かったようです。その種類も現代とあまり変わらないバラエティに富んだもので、カツオ・タイ・アジ・マグロ・フグなどの他、ワカメやノリ・モズクなどの海藻類も好まれたようです。なお、藤原京のトイレ遺構（Q80）では、魚の小骨や魚の体内に寄生する虫の卵などが顕微鏡《けんびきょう》で確認されていますので、人々がこれらを食べていたことは間違いないでしょう。

89 野菜や果物にはどのようなものがありましたか？

『日本書紀《にほんしょき》』や『万葉集《まんようしゅう》』、出土する木簡《もっかん》の記述から、現代とあまり変わらないものを食べていたようです。

野菜や果物は市で売られているものを購入することもあったようですが、庶民の多くは自分の畑で栽培したものを食べていました。

野菜には、蕪菁（カブラ）・萵苣（チシャ）・蕗（フキ）・芹（セリ）・茄子（ナス）・大根（ダイコン）・芋（イモ）・瓜（ウリ）などがありました。これらを煮たり、焼いたりして、塩や醤油《しょうゆ》などで味付けをして食べていたのでしょう。また、塩漬・醤漬《しょうゆづけ》・未醤漬《みそづけ》・糟漬《かすづけ》など、漬物として保存して食べる技術も発達していました。他には、蕨（ワラビ）・葛（クズ）・楤（タラ）の芽・蓮根（レンコン）・茸（キノコ）・署預（ヤマイモ）・蒜（ノビル）など自然に見られるものも和《あ》えものにして多く食用にされていましたし、芥子（カラシ）・薑（ショウガ）・蘘荷（ミョウガ）・山葵（ワサビ）も香辛料として使用されていました。

果物には、蜜柑（ミカン）・梨（ナシ）・桃（モモ）・李（スモモ）・梅（ウメ）・枇杷（ビワ）・橘（タチバナ）・揚梅（ヤマモモ）・柿（カキ）・棗（ナツメ）・郁子（ムベ）などがありました。木の実では栗（クリ）・椎（シイ）・櫟（イチイ）の実・胡桃（クルミ）などもありました。私たちが秋になるとよく目にするドングリも主食を補う重要な食料源でした。

90 人々の中で流行したものは？

今も昔も人々に娯楽はつきもの。当時は何が流行したのか少しひもといてみましょう。

『一二《ひとふた》の目のみにあらず五六三四《いつつむつみつよつ》さへあり双六《すごろく》の采《さえ》』（『万葉集《まんようしゅう》』巻十六—三八二七）

この歌に詠まれているのは双六に使われたサイコロのことです。意味は「サイコロの目には人間の体にある二つどころではなく、六つまでもあるのだ」といったところでしょうか。当時の双六は、バックギャモン（二人でおこない、コマを移動させる早さを競うボードゲーム）のようなもので、奈良時代になると貴族から庶民まで広く流行したようです。ただし、賭《か》けごとであったため親の言うことを聞かなかったり、家財を失ったりする者まであらわれるということで、持《じ》統《とう》三年（六八九）一二月・文武《もんむ》二年（六九八）七月には双六や博戯《はくぎ》（博奕《ばくち》のこと）を禁じる法令が出されています。処罰の対象は老若男女問わず、官位も問われませんでした。サイコロが藤原京内で発見されたことはありませんが、持統・文武天皇の時代に禁令が出されている以上、その時に流行したと考えてよいでしょう。

また、貴族は歌を詠むことも教養の一つでした。季節の歌、恋の歌、色の歌、離別の歌など、さまざまなシチュエーションに沿った歌を詠み、時間や季節のうつろいを感じて楽しんでいたのかもしれません。『万葉集』には、当時の人々の悲喜こもごもが多数収められています。

91 貴族や役人の趣味や娯楽、スポーツは何がありましたか？

貴族は、和歌や相撲《すもう》、囲碁《いご》や双六《すごろく》（Q90へ）などを楽しんでいました。子どもの遊びとしては独楽回《こま》しがあり、大好きな遊びの一つだった思われます。

貴族たちは歌を詠み、相撲を見たり、囲碁を楽しんだりしました。持統《じとう》天皇の宮廷サロンでは、柿本人麻呂《かきのもとのひとまろ》を代表とする歌人が活躍していました。詩歌をつくることは教養の一部だったのです。『万葉集《まんようしゅう》』には庶民の歌も多く収められています。男女の恋愛詩が木簡《もっかん》に書かれていた例もあります。

藤原京右京五条二坊（橿原《かしはら》市縄手《なわて》町）に当たる邸宅跡から、碁石用の小石が三七個まとまって発見されました。袋か容器に入れた黒石一九個と白石一八個が、建物の柱抜き取り穴に落ち込んだ状態で見つかっています。形は楕円《だえん》形や不整円形ですが、長径は一・五㎝前後。黒石は黒色《こく》頁岩《しょくけつがん》と砂岩、白石はチャートの自然石で、表面を磨《みが》いています。藤原京では貴族や役人の間で囲碁が普及していたと考えられます。囲碁と同様、この時期、インドをルーツに中国から伝わったゲームに将棋《しょうぎ》と双六がありますこれらは遣唐使《けんとうし》や入唐《にっとう》僧が持ち帰ったとされています。

持統三年（六八九）一二月に双六が禁止されていることからすると、身分を問わず双六などがかなり流行していたようです。

スポーツということになると、今日のような競技的な要素はなく、奉納行事の性格を持つ相撲や蹴鞠《けまり》、くらべ馬や射礼《じゃらい》という馬上から弓を射る儀式などがおこなわれていました。

碁石と碁盤

92 天皇や貴族・役人は、馬や牛車に乗っていましたか?

天皇は御輿《みこし》に乗っていました。藤原京から平城京へ遷都《せんと》した時に元明《げんめい》天皇が詠んだ歌が『万《まん》葉集《ようしゅう》』(巻一—七八)に見られますが、それには「和銅三年庚戌《かのえいぬ》の春二月、藤原宮より寧楽宮《ならのみや》に遷《うつ》りましし時に、御輿を長屋の原に停《とど》めて迥《はる》かに古郷《ふるさと》を望みて作る歌」と註が付けられていますす。このことから、天皇は御輿に乗っていたことが分かります。天皇の乗り物は宮内省の主殿※《とのも》寮《りょう》が管理することになっていました。

御輿に乗るのは天皇・皇后だけで、貴族や役人は馬に乗りました。朝廷の使者が都から地方へ急用で出向く時には、幹線道路上に約一六kmごとに設置された駅家《うまや》で馬を乗り継いで長距離を駆け抜けました。藤原京より少し後の時代になりますが、和銅六年(七一三)五月一〇日に、大和国内の各所から人を召喚するために派遣された使者に馬が当てられたことが平城宮から出土した木簡《もっかん》に書かれています。

平安時代のような牛車《ぎっしゃ》は藤原京の時代にはありませんでした。人が車に乗るようになるのは約一〇〇年後の奈良時代末から平安時代初め頃と考えられています。しかし、藤原京の時代も車はあり、荷車としては利用されていたようです。藤原宮からは、牛の首にかけるくびきが、桜井市山田の阿倍山田道沿いでは、谷を埋めた土砂の中から車輪が出土しています。この車輪は、全体のうちタイヤに当たる輪木《わき》とスポークに当たる輻《ふく》三本が出土しています。また車軸留めの一部も残っていました。

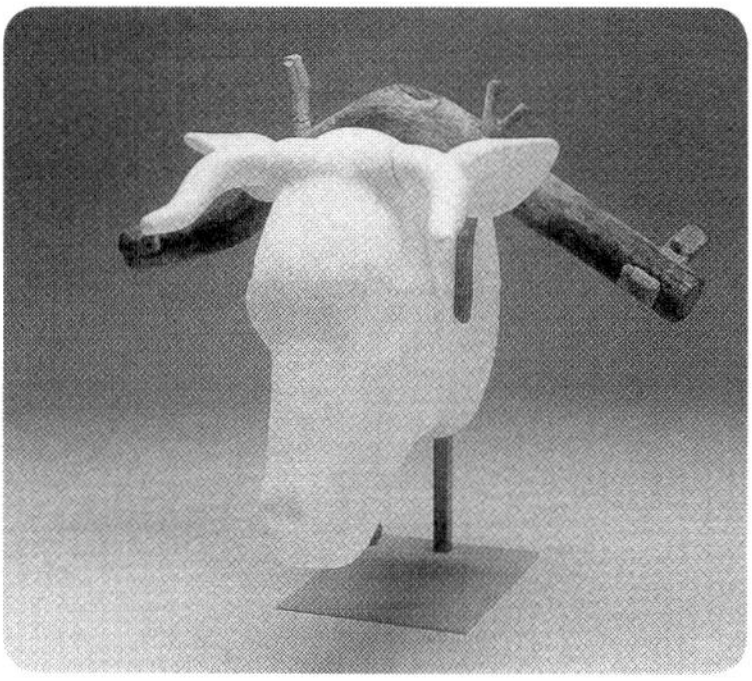

くびき

車輪

93 藤原京で九九はありましたか?

藤原宮から左のように九九を書いた木簡《もっかん》が出土しています。

現代では小学二年生で九九を学習しますが、一の段、二の段の順に「にいちがに、ににんがし…」と少ない数から順番に計算します。しかし藤原京の時代の九九はその名の通り「九九八十一」から始まり、「八九七十二」「七九六十三」と続いていきました。藤原宮の役人になると数量を計算するために九九は不可欠だったので、九九を知らなかったら仕事にならなかったことでしょう。九九を書いた木簡の中には間違えているものもあったりして、役人も憶《おぼ》えるのに必死だったことがうかがわれます。

九九は紀元前の中国の春秋《しゅんじゅう》時代には使われていたと考えられ、藤原京よりも早い時代に中国大陸から日本に伝わりました。隋、唐時代の九九の算書《さんじょ》である「孫子算経《そんしさんきょう》」や「算経十書《さんけいじっしょ》」などに見える「一九如九《いっくがく》」と書かれた木簡が平城宮から出土しているので、こうした本を参考にして数学を学んでいたようです。

『万葉集《まんようしゅう》』では「しし」を「十六」と表記するものや、「くくりつつ」を「八十一里喚鶏」と表記するものもありますので、飛鳥《あすか》・奈良時代の人々の間で九九は親しまれていたと考えられます。

（裏）　（表）

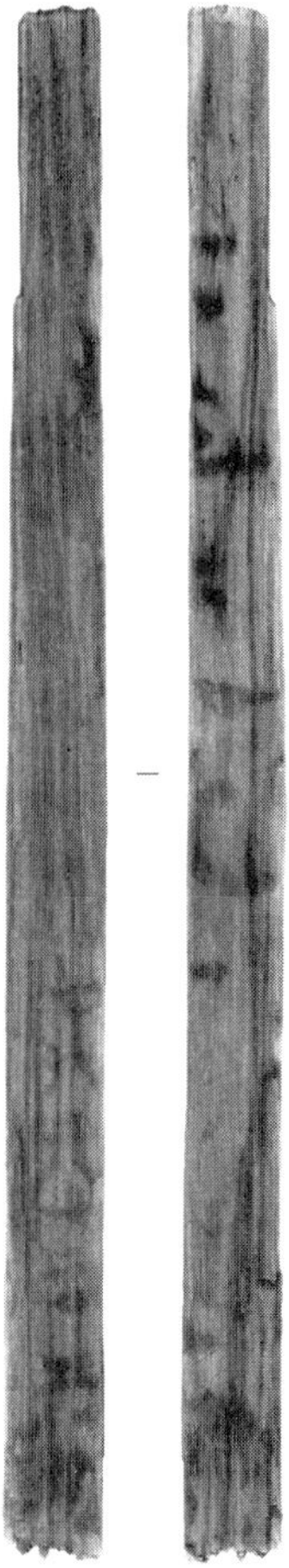

□□□□〔八カ〕九□□　□□□
□□□　七九六十三六□□□

藤原宮　九九の木簡

〈藤原京の今〉

94 発掘調査はどの機関が担当していますか？

藤原宮の発掘調査が初めて実施されたのは、昭和九年（一九三四）です。民間の研究機関「日本古文化研究所」による最初の学術調査によって藤原宮は長い眠りから目を覚ましました。それまで『日本書紀《にほんしょき》』などによってその存在は推測されていましたが、正確な場所は分かっていませんでした。この調査によって、現在の橿原《かしはら》市高殿《たかどの》町・醍醐《だいご》町を中心とする地域の地下に、藤原宮の跡が残されていることがわかりました。昭和九年以降も調査は続けられましたが、第二次世界大戦の影響で昭和一八年（一九四三）やむなく中断となりました。

それから二三年後の昭和四一年（一九六六）、宮跡の中心部を東西に貫く国道一六五号線のバイパス道路をつくる計画が上がったため、奈良県教育委員会による発掘調査が実施されました。この調査によって宮の大きさを初めて確認することができ、道路計画も変更されました。藤原宮および周辺部の発掘調査は奈良国立文化財研究所（現在の独立行政法人　国立文化財機構　奈良文化財研究所）に引き継がれ、毎年計画的に宮域を中心に発掘調査が実施され、現在約一〇％前後の調査が終了しています。

昭和四五年（一九七〇）以降、藤原宮の周辺に広がる藤原京の発掘調査件数も増加し、その結果、藤原京の広さは東西南北約五・三㎞四方に広がる都であったということが分かってきました。この広がりは、橿原市を中心に桜井市、高市郡明日香村《たけちあすか》にまでおよぶことから現在は、奈良文化財研究所・奈良県立橿原考古学研究所・橿原市教育委員会・桜井市教育委員会・明日香村教育委員会が発掘調査をおこなっています。

これまでの調査により道路や建物の跡などが発見され都の様子が少しずつ分かってきました。しかし、全体の数パーセントに過ぎません。私たちの足元にはまだまだ貴重な遺跡がたくさん埋もれていることでしょう。

95 今後の発掘調査で注目すべき場所は？

藤原京の発掘調査で注目すべき場所としては、『万葉集《まんようしゅう》』の「藤原宮の御井《みい》の歌」（巻一―五二）に出てくる井戸が挙げられます。香具山《かぐやま》の北西にあったとされる「埴安《はにやす》の池」で詠《よ》まれたこの歌に登場する「御井」は、藤原宮の永遠を象徴する井戸として取り上げられています。この井戸が発見されれば、藤原宮の姿だけでなく、『万葉集』の世界がまた一つ見えてくるでしょう。

次に、橿原《かしはら》市下八釣《しもやつり》町の一帯が挙げられます。藤原京で活躍した代表的な人物に藤原不比《ふじわらのふひ》等《と》がいます。藤原不比等の邸宅は、平安時代に書かれた歴史書である『扶桑略記《ふそうりゃっき》』の慶雲《けいうん》三年（七〇六）の記事に「城東第《じょうとうのだい》」と記され、『万葉集』でも山部赤人《やまべのあかひと》が、住む人もなく、荒れ果てた不比等の邸宅の庭の風景を詠んでいます（巻三―三七八）。「城東第」は、藤原宮の東にあったと考えられていますが、その場所がどこかは分かっていません。しかし、藤原宮の東面北門（山部門）の周辺で、右大臣を示す「右大殿《みぎのおおとの》」と書かれた木簡《もっかん》が出土し、「城東第」が藤原宮の東にある可能性が高まりました。また、東面北門のすぐ東の宅地である左京四条三坊（橿原市下八釣町）では、二町ないしそれ以上の広さの宅地が見つかっています。

ちなみに平城京では、藤原不比等の邸宅は宮の東にあり、邸宅のあった地には法華寺《ほっけじ》がつくられました。では藤原京ではどうでしょう？　藤原宮の東で「右大殿」の木簡が出土しただけでなく、藤原宮の北東には「法花寺《ほっけいじ》」（橿原市法花寺町）という地名が残っています。ですから橿原市下八釣町の一帯は、藤原不比等の「城東第」の候補地の一つと考えられるのです。

今後も藤原京のさまざまな地点で発掘調査は続きます。調査が進むにつれて、私たちがまだ知らない藤原京の姿がしだいに明らかになっていくのです。

96 藤原宮跡で咲いている花は?

約一km四方の広さがある藤原宮跡には、これを守り伝えてきた高殿《たかどの》や別所《べっしょ》・醍醐《だいご》といった江戸時代から続く集落や水田、そしてため池などが現在も見られ、落ち着きのある農村風景を形作っています。

文化庁はこの特性を踏まえて花々や木々を植え、水を活《い》かした整備をおこなおうと考え、そのため昭和四六年(一九七一)から土地の購入《こうにゅう》を進めています。ところが藤原宮跡はあまりにも広いため、水辺を四季折々の花木が彩る史跡公園としての整備はなかなか進まない状況となっています。このため平成一八年(二〇〇六)から橿原《かしはら》市と藤原宮跡を守り伝えてきた近隣の自治会とが手を携《たずさ》え、約六万五〇〇〇㎡の範囲で春、夏そして秋に応じて『万葉集《まんようしゅう》』の歌に詠まれた花々を中心に植栽《しょくさい》をおこなっています。

春、醍醐池の堤の桜が咲く頃、その北側の水田跡地一面に菜の花が黄色のジュウタンのように咲き、遅れてヒナゲシの赤やオレンジが姿を見せます。夏、青空に入道雲があらわれる頃、醍醐池の西の辺に黄花コスモスの鮮やかな黄が映《は》えわたります。そして東の高殿集落に程《ほど》近い蓮池《はすいけ》では、香具山《かぐやま》を背に咲く淡いピンクの八重の唐招提寺蓮《とうしょうだいじれん》をはじめ一一種の蓮の清らかな容姿とその西側で咲く桔梗《ききょう》の青と白、そして女郎花《おみなえし》の黄色が目を和ませます。仲秋の名月の頃、大極殿《だいごくでん》跡である高まりの前方一帯、ススキを取り囲んで五種類のコスモス三〇〇万本が咲き誇ります。

今後、花の種類や花畑が変わることもあるかもしれませんが、藤原宮跡の花園はこれからも多くの花々を咲かせ続け、人々を惹《ひ》きつけることでしょう。

春　菜の花

夏　蓮の花

秋　コスモス

97 「藤原京」という言葉は、現在何かに使われていますか？

「藤原京クリニック」（医院）、「藤原京や」（割烹《かっぽう》）、藤原京農産物直売所、藤原京保育所、藤原京大橋などの名称に使われています。

「藤原京クリニック」は橿原市四分町《かしはらししぶ》にある内科の医院で、人工透析《じんこうとうせき》などをおこなっています。場所は藤原京の右京域で、本薬師寺《もとやくしじ》のやや北側に位置しています。

「藤原京や」はそのキャッチフレーズが「割烹よってみてよ藤原京や」という和食やお造りを出している店で、橿原市別所町《べっしょ》にあります。あるインターネットサイトでは、「藤原京の石をあしらい一三〇〇年前の井戸からくみ上げた水が店の前の樽《たる》を流れ店内の水槽へ。深い魅力たっぷりの歴史的なお店です。」と紹介されています。店のコンセプトは藤原京を意識したそれになっているようです。

ハローページで調べると、藤原京農産物直売所と藤原京保育所が掲載されていました。藤原京農産物直売所は橿原市縄手町《なわて》にあり、イチゴ、ナス、トマトなど野菜や果実を販売しています。藤原京保育所は橿原市四分町にあり、藤原宮跡を東にのぞむ場所にあります。

藤原京大橋は、国道一六五号線大和高田バイパスの小房《おふさ》の交差点より東二五〇m付近にある飛鳥川の上に架けられた橋で、昭和五九年（一九八四）三月に完成しています。

平城京の「平城」は奈良市内で高校の名称などいろいろと使われているのですが、藤原京の「藤原」は、藤原京のある橿原市周辺ではあまり使われていません。藤原京の知名度がもっと上がり、さまざまなところに名称として使われることが期待されます。

藤原京農産物直売所

藤原京保育所

藤原京大橋

98 藤原宮は「世界遺産」の登録をめざしています！

藤原宮をはじめとする「飛鳥・藤原の宮都《きゅうと》とその関連資産群」に含まれる遺跡は、我が国の成り立ちを考える上で重要な遺産と言えます。なかでも藤原宮は、その代表とも言うべき遺跡です。

崇峻《すしゅん》五年（五九二）に豊浦宮《とゆらのみや》で即位した推古《すいこ》天皇から始まった律令国家という新しい国づくりが、一〇〇年近くをかけて遂《つい》に持統《じとう》天皇によって完成しました。その象徴が、藤原京です。そして、その中心の藤原宮には、天皇がお住まいになった内裏《だいり》をはじめ政治・儀式《ぎしき》を執《と》りおこなう大極殿《だいごくでん》や朝堂院《ちょうどういん》が置かれました。さらに、これまであちこちに散らばっていた日常業務をおこなう役所もここに集められました。ここに政治機構のあり方を確立させました。

また、宮内の建物にも目的や役割に応じて、我が国伝統の掘立柱建物《ほったてばしらたてもの》と大陸から伝わった瓦葺《かわらぶき》礎石《そせき》建物を上手に取り入れています。まさに日中の建築様式を融合させた宮ともいえます。

そしてここで確立した政治機構や建物様式は、後の平城宮へと受け継がれ、より完成度を高めてゆきます。

このように藤原宮は、我が国の宮殿のあり方や政治制度の方向性を決定づけました。まさに、藤原宮は、世界遺産登録をめざすにふさわしい遺産と言えます。

飛鳥・藤原の宮都とその関連資産群　構成資産　（二〇二三年現在の構成資産は〇印のみになっています。）

○特別史跡　藤原宮跡（橿原《かしはら》市）
○史跡　藤原京朱雀《すざく》大路《おおじ》跡（橿原市）
史跡　飛鳥稲淵《いなぶち》宮殿跡（明日香《あすか》村）
史跡　飛鳥水落《みずおち》遺跡（明日香村）
史跡　飛鳥池工房遺跡（明日香村）
○特別史跡　山田寺《やまだでら》跡（桜井市）
○史跡　橘寺《たちばなでら》境内（明日香村）
○史跡　檜隈寺《ひのくまでら》跡（明日香村）
○史跡　大官大寺《だいかんだいじ》跡（明日香村）
史跡　丸山《まるやま》古墳（橿原市）
○特別史跡　石舞台《いしぶたい》古墳（明日香村）
史跡　岩屋山《いわややま》古墳（明日香村）
○史跡　中尾山《なかおやま》古墳（明日香村）
○特別史跡　キトラ古墳（明日香村）
○天武・持統天皇陵古墳（明日香村）
○名勝　大和三山（橿原市）
○史跡　飛鳥宮跡（明日香村）
○史跡　酒船石《さかふねいし》遺跡（明日香村）
○史跡・名勝　飛鳥京跡苑池《えんち》（明日香村）
○史跡　飛鳥寺《あすかでら》跡（明日香村）
○史跡　川原寺《かわらでら》跡（明日香村）
史跡　定林寺《じょうりんじ》跡（明日香村）
○特別史跡　本薬師寺《もとやくしじ》跡（橿原市）
史跡　岡寺《おかでら》跡（明日香村）
史跡　植山《うえやま》古墳（橿原市）
○史跡　菖蒲池《しょうぶいけ》古墳（橿原市）
○史跡　牽牛子塚《けんごしづか》古墳（明日香村）
史跡　マルコ山古墳（明日香村）
○特別史跡　高松塚《たかまつづか》古墳（明日香村）

99 藤原京創都一三〇〇年記念祭はいつおこなわれましたか？

持統《じとう》八年（六九四）一二月に持統天皇により遷都《せんと》された藤原京は、平成六年（一九九四）に遷都一三〇〇年を迎えました。それを記念して特別史跡藤原宮跡会場・奈良国立文化財研究所飛鳥藤原宮跡発掘調査部会場（奈文研会場）・奈良県立橿原考古学研究所附属博物館会場（橿考研会場）の三会場において、平成七年（一九九五）三月二九日（水）～五月二一日（日）までの五四日間、「万葉の都　藤原京」をテーマに藤原京創都一三〇〇年記念祭（愛称）「ロマントピア藤原京'95」が開催されました。

メイン会場の特別史跡藤原宮跡では、野外展示として大極殿《だいごくでん》や朝堂院《ちょうどういん》回廊を、二〇〇〇本の朱塗りの柱を立てて建物のイメージを原寸大で表現しました。さらに藤原京館、国際交流館、万葉館など各パビリオンにおいては、藤原京が遷都された時代の中国大陸や朝鮮半島の文化を積極的に取り入れた様子を映像等を通じて紹介し、また当時の人々の暮らしぶりを子どもから大人まで体験・体感できるコーナーを設けて、実際に体験していただくことで、多くの方々に心から喜んでいただきました。

マスコットキャラクター
「こだいちゃん」

シンボルマーク

ロマントピアの風景

奈文研会場では、「一一三〇〇年前の首都―これが藤原京だ！」をテーマに、最新の発掘調査で出土した実物資料などを使った藤原京の実像に迫る展示をおこないました。橿考研会場では、「遣唐使が見た中国文化―中国社会科学院考古研究所最新の精華―」をテーマに遣唐使がまさに中国で実際に見た、中国文物が展示されました。そこでは当時の中国との交流の一端を垣間見ることができました。

「ロマントピア藤原京'95」では、当初は三五万人の来場者を予想していましたが、最終的には予想をはるかに上回る約六三万人の方々が来場されました。このことは、「日本」の歴史の原点を知っていただく上で、生きた歴史資料を野外展示などによって示したことが効果的であり、多くの人々に興味を持っていただけた証《あかし》かと思われます。

100 藤原京の魅力と未来は？

一三〇〇年前、藤原京は日本で初めての都城《とじょう》として誕生しました。藤原京では、法律や貨幣が生まれ、国際交流も頻繁におこなわれていました。瓦屋根の大型建物が建てられ、土地区画や道路も整備されました。東市・西市など各地の特産品が並べられた市場は、多くの人々で賑《にぎ》わっていたことでしょう。

藤原京が伝えるこれらのことは、まさに現代の日本の原点がこの地にあったことを物語っています。政治をはじめ経済そして文化など今日の私たちの生活の基礎がここに誕生したのです。わずか一六年間の都であったにもかかわらず「日本で最初」と言われる多くの業績を残し、その文化的意義は計り知れません。

ロマンと謎《なぞ》に包まれた藤原京は、平城京遷都《せんと》後は田園として姿を変えたものの、近年の考古学研究により一三〇〇年の時を越え、その眠りから覚めようとしています。これからも新たな発見が私たちに驚き・感動を与え、私たちに古《いにしえ》への思いをわきたたせ、国際社会の中の日本文

藤原宮大極殿　復元CG

化を見直すきっかけとなることでしょう。
この藤原京の時代は、中国文化はもとより朝鮮半島の影響を大きく受けながら日本独自の文化が華開いた時期でもありました。そしてここで成立した独自の文化は、その後の日本文化の基礎となり、現在の私たちの社会にしっかりと受け継がれてきました。このような貴重な歴史遺産は、日本はもとより中国・朝鮮半島を含む東アジア文化を考える上で貴重な歴史遺産であることから、世界遺産登録に向け準備を進めています。

〈付録〉

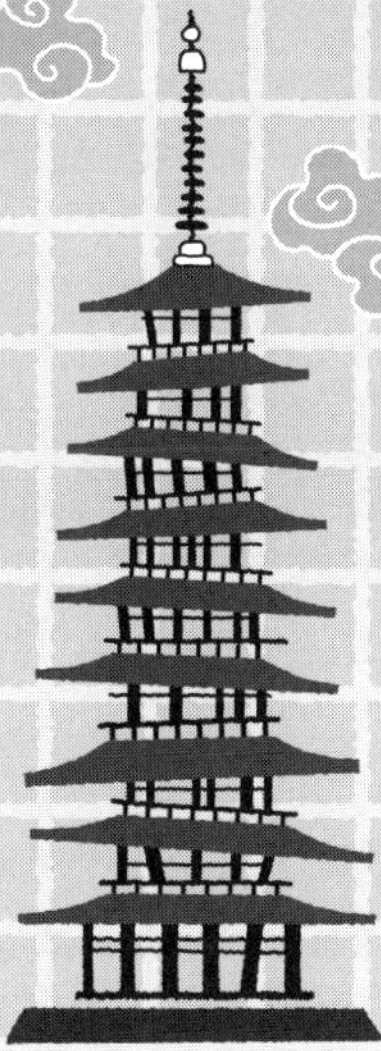

コラム 1

藤原京の復元

藤原京の広がりやその形が現在の姿に落ち着くまでには、さまざまな復元案が示されて来ました。それを最初に示したのは、藤原京の命名者でもある※喜田貞吉《きたさだきち》氏（一八七一～一九三九年）です。喜田氏は大正二年（一九一三）に橿原市高殿《たかどの》町にある大宮土壇《おおみやどだん》、醍醐《だいご》町にある長谷田土《はせだど》壇《だん》といった基壇の跡を京の中心と考え、大和三山や古代の道路である※下ツ道《しもつみち》、※中ツ道《なかつみち》、※横大路《よこおおじ》を基準にした復元案をつくりました。

次に田村吉永《たむらよしなが》氏（一八九三～一九七七年）も独自の復元案をつくっています。これらの研究の後、昭和九年（一九三四）より大宮土壇周辺の発掘調査がおこなわれ、この土壇が藤原宮の大《だい》極殿《ごくでん》基壇であることや周辺が藤原宮であることが明らかになりました。調査担当者であった※足《あ》立康《だちこう》氏（一八九八～一九四一年）も含めて、その後も藤原京の復元については盛んに議論されましたが、しばらくは大きな進展は見られませんでした。

大正から昭和初期の復元は、残された地形や地割の痕跡、文献の記述を根拠としたものでしたが、昭和四〇年（一九六五）代になって本格的におこなわれるようになった発掘調査の成果に基礎を置いて、新たな復元案をつくったのは※岸俊男《きしとしお》氏（一九二〇～一九八七年）です。岸氏は、大和三山に囲まれて横大路、下ツ道、中ツ道、※阿倍山田道《あべやまだみち》をそれぞれ京極とする藤原京の範囲を復元しました。また、京の中の条坊地割については、道路に囲まれた一辺約一三三mの正方形の範囲を一町《いっちょう》（一坪《ひとつぼ》）とし、これが四つ集まって「田」字に配置されたものを「坊《ぼう》」としました。坊の周囲は東西方向の「●条大路」と南北方向の「●坊大路」に囲まれ、間を通る道は「●条条間路・●坊坊間路」と呼んでいます。そして「坊」の横方向の並びを「条《じょう》」と呼びますが、岸氏は全体で南北十二条（北から一～十二条）、東西八坊（朱雀大路《すざくおおじ》を中心に東西各四坊）に復元しました（図①）。この時示された条坊の地割はその後の発掘調査でもその確かさが認められました。

しかし、昭和五四年（一九七九）以降になって、岸氏の復元した藤原京の外からも同じ地割を示す道路が発見されるようになり、この成果にもとづいて新たな京域復元が秋山日出雄《あきやまひでお》氏（一九二二～二〇〇七年）、中井一夫氏、松田真一氏らによってなされました。これは、岸氏の条坊の呼び方を踏襲すると、北には六条分、東西は各四坊分増えたことから全体で南北十八条（横大路から南は、北から南へ一～十二条、同じく北は、南から北へ一～六条）、東西十六坊（朱雀大路

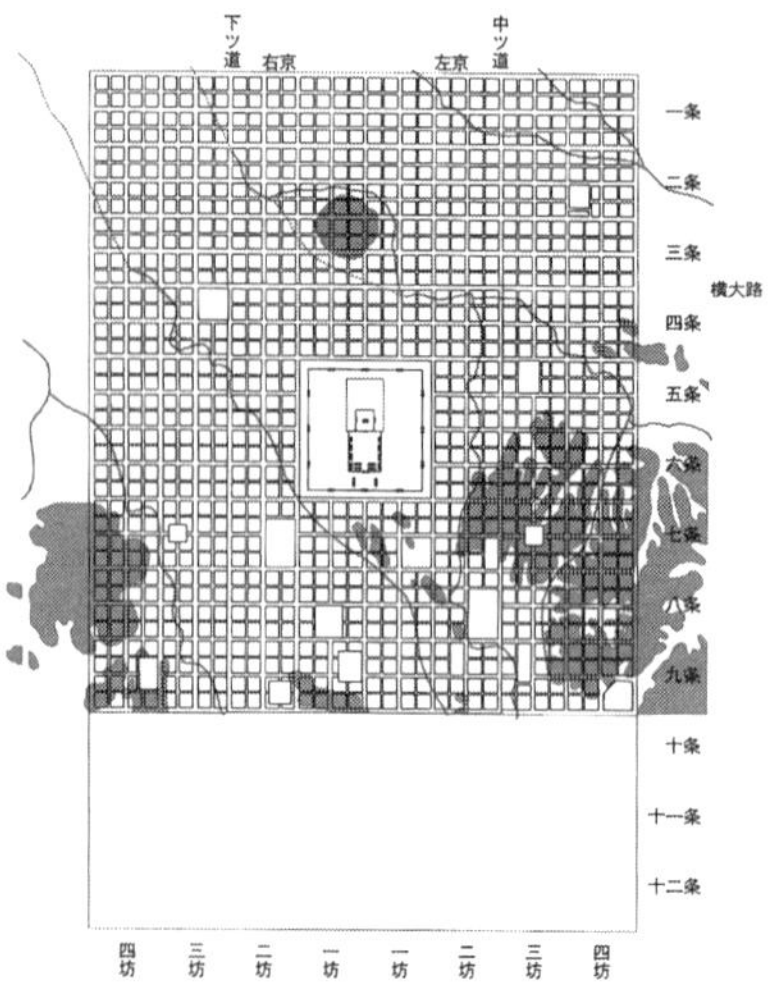

③1986年（阿部）

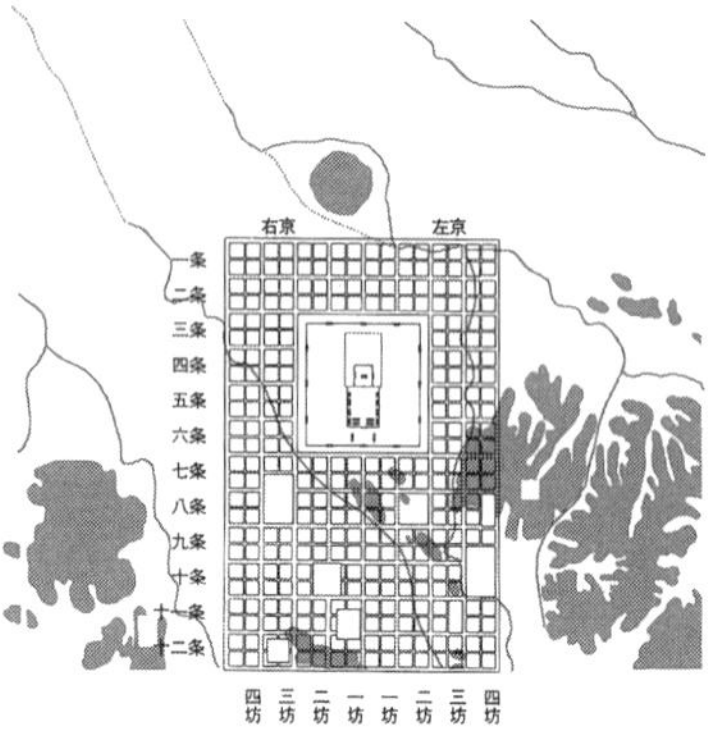

①1972年（岸）

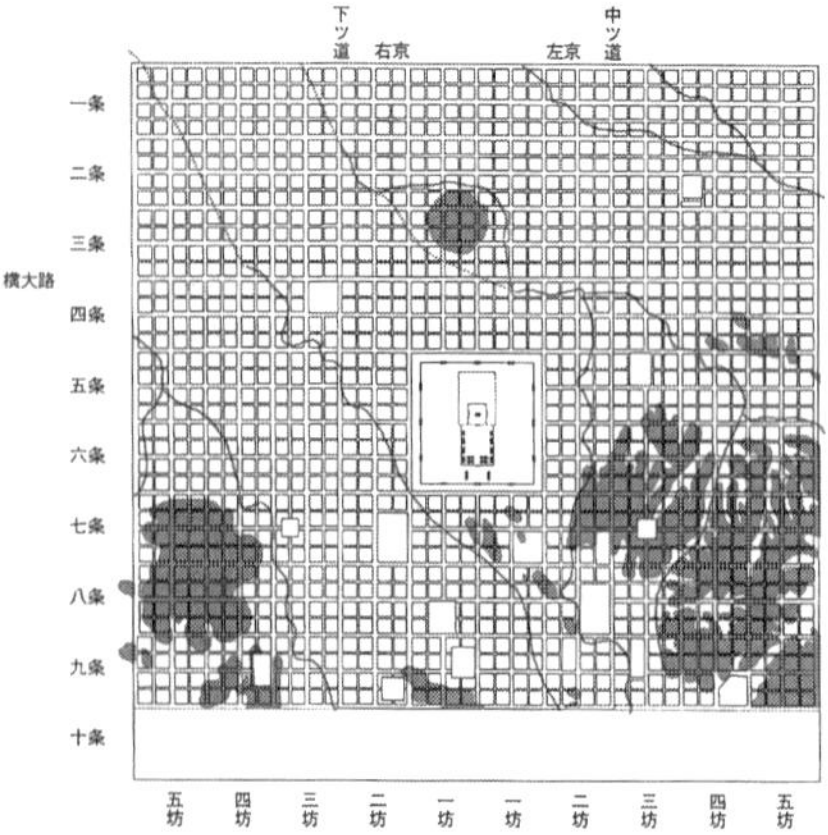

④1996年（小沢・中村）

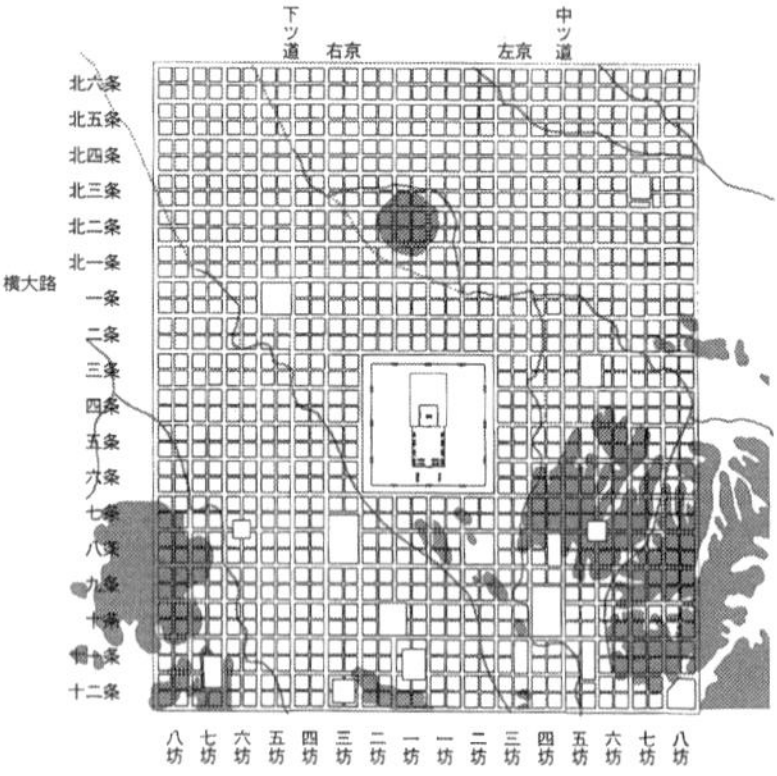

②1980年（秋山・中井・松田）

藤原京復元の移りかわり

を中心に東西各八坊）というものです（図②）。また、京極については、通常京内では、墳丘が削られることから弁天塚古墳（橿原市葛本町《くずもと》）のように墳丘を残す古墳と残さない古墳に注目しています。この広がった藤原京を「大藤原京《だいふじわらきょう》」と呼ぶ場合もあります。

また、楠元哲夫《くすもとてつお》氏（一九四九～一九九五年）は、京域の復元の中で発掘調査の成果にもとづいて坊の大きさが岸氏と異なることを指摘しました。それは一町が縦横四つずつ並んで一坊が十六町で構成される平城京と同じ形であるというものです。これは平城京と同じ条坊地割であり、平城京では各道路を大路で囲まれた坊の中央を通る道は「●条条間路・●坊坊間路」、さらにその四等分線を通る道は、北から「●条条間北小路・●条条間南小路」、東から「●坊坊間東小路・●坊坊間西小路」と呼んでいます。その後、さらに阿部義平《あべぎへい》氏は藤原京の東西幅については秋山氏と同じ範囲を復元しつつ、南へはさらに飛鳥寺、飛鳥宮も含んだ六条分の広がりを考えました。阿部氏は楠元氏と同じく一坊を十六町と考えることから、南北十二条、東西八坊となります（図③）。

平成八年（一九九六）になると、秋山氏らが復元した藤原京の外からさらに条坊道路が発見されました。これは岸氏の数え方では西十坊大路、東十坊大路に当たるもので、特に西十坊大路については、京の端を調査で実際に確認できたことから東西幅に関しては確定したと言えましょう。そしてこの成果にもとづいて小澤《おざわ》毅《つよし》氏や中村太一《なかむらたいち》氏は、岸氏の条坊の呼び方を踏襲すると南北二十条、東西二十坊に相当する条坊を復元しました。実際には小澤氏や中村氏は、楠元氏、阿部氏と同じように一坊を十六町と考えることから南北十条、東西十坊と見なしています（図④）。

現在は、この小澤氏らの復元案がもっとも有力な説となっています。しかし、実際にはどの程度工事がおこなわれたかなど、未解決の問題も多く残されており、藤原京の形については決定的ではありません。また、当時の条坊の呼び方も明らかでないのが現状です。条坊の呼び方については長らく岸氏のものが使われてきましたが、この本ではこのような発掘調査の進展にもとづき、小澤氏らが提唱するように一坊を十六町と考え、北から一条・二条…と呼ぶことにしています。そのため、従来の調査成果についても、新たな条坊の呼び方に変更しています。

コラム 2

干支《えと》と暦《こよみ》

中国で古くから使われている考え方の一つに「陰陽五行説《いんようごぎょうせつ》」があります。これは宇宙の物事をつくり出し、支配する二つの相反する性質を持つ気である「陰・陽」と、五つの元素である「木《もく》・火《か》・土《ど》・金《ごん》・水《すい》」から、何事も成り立つとする考えです。そしてこの「五行」を陽（兄《え》）と陰（弟《と》）に分けたものが「十干《じっかん》」です。また、「十二支《じゅうにし》」と組み合わさって「十干十二支」とされ、干支（かんし、えと）とも略されます。この干支は、物事の順序を示すことから年月日を表したり、時刻や方位を示すことにも使われました。また、「十二支」には、後にそれぞれ動物も当てはめられました。

暦については、現在使われている太陽暦の他に太陰暦・太陰太陽暦《たいいんたいようれき》があります。それぞれ太陽の運行や月の満ち欠けを基準としたもので、日本でも明治時代以前は太陰太陽暦（旧暦）を使用していました。

そして明治政府は、明治五年（一八七二）一二月三日を、新しく採用した太陽暦の明治六年

（一八七三）一月一日と決めました。そのため、旧暦と新暦では、実際の季節感が少し異なることになりました。藤原京の時代も旧暦ですから、『日本書紀《にほんしょき》』などの記述を読む時には注意が必要です。

ちなみに日本では、二〇一二年の旧暦の正月は一月二三日です。日本ではあまり顧みられない旧暦ですが、中国では旧暦の正月を春節といって太陽暦の正月以上に盛大に祝います。日本のお正月休みと同じで、中国へ旅行する時には訪問先が休んでいたり、混雑していたりしますので注意が必要です。

干支表

五行《ごぎょう》	木《もく》		火《か》		土《ど》		金《ごん》		水《すい》	
十干《じっかん》	甲《きのえ》 コウ	乙《きのと》 オツ	丙《ひのえ》 ヘイ	丁《ひのと》 テイ	戊《つちのえ》 ボ	己《つちのと》 キ	庚《かのえ》 コウ	辛《かのと》 シン	壬《みずのえ》 ジン	癸《みずのと》 キ

十二支《じゅうにし》	子《ね》 シ	丑《うし》 チュウ	寅《とら》 イン	卯《う》 ボウ	辰《たつ》 シン	巳《み》 シ	午《うま》 ゴ	未《ひつじ》 ビ	申《さる》 シン	酉《とり》 ユウ	戌《いぬ》 ジュツ	亥《い》 ガイ

干支順位表

甲子4	乙丑5	丙寅6	丁卯7	戊辰8	己巳9	庚午10	辛未11	壬申12	癸酉13
甲戌14	乙亥15	丙子16	丁丑17	戊寅18	己卯19	庚辰20	辛巳21	壬午22	癸未23
甲申24	乙酉25	丙戌26	丁亥27	戊子28	己丑29	庚寅30	辛卯31	壬辰32	癸巳33
甲午34	乙未35	丙申36	丁酉37	戊戌38	己亥39	庚子40	辛丑41	壬寅42	癸卯43
甲辰44	乙巳45	丙午46	丁未47	戊申48	己酉49	庚戌50	辛亥51	壬子52	癸丑53
甲寅54	乙卯55	丙辰56	丁巳57	戊午58	己未59	庚申0	辛酉1	壬戌2	癸亥3

それぞれ、五行と十二支の訓読み、音読みを組み合わせて読む。各干支の数値に60の倍数を加えると西暦年となる。

コラム 3

藤原京の時代の工業生産は？

まず、日常の生活必需品である食器として使われた土器は、どこでつくられていたのでしょうか。須恵器《すえき》については、ロクロを使ったり、窯で焼くという特別な技術が必要でしたから、生産地も限られていました。その生産地については、古墳時代から須恵器をつくり続けていた大阪府南部の和泉《いずみ》丘陵一帯に所在する陶邑古窯跡群《すえむらこようしぐん》（大阪府堺市ほか）が挙げられます。また、量は少ないですが、尾張《おわり》国（愛知県）や備前《びぜん》国（岡山県）からも都に須恵器が持ち込まれていました。土師器《はじき》については、特別な施設が必要でないことから、大和《やまと》国（奈良県）や河内《かわち》国（大阪府）といった都に近い場所でつくられていたようです。

金属製品については、金・銀・銅・鉄といった原料が問題となります。金については、大宝《たいほう》元年（七〇一）三月に陸奥《むつ》国（岩手、宮城、福島県）で産出したこと、その後、対馬《つしま》国（長崎県）から金が納められて「大宝」の元号がつけられたことが『続日本紀《しょくにほんぎ》』には記されています。しかし、これらは本格的な生産とは言えず、奈良時代の天平勝宝《てんぴょうしょうほう》元年（七四九）に陸奥国で発見され、東大寺大仏の表面を飾ることに使われるまでは、ほとんど生産されなかったようです。銀については、天武三年（六七四）三月に、対馬国から納められたことが『日本書紀』に記されています。製品としては無文《むもん》銀銭、和同開珎《わどうかいちん》銀銭などがありますが、原料としては金とともに輸入に頼っていたと考えられます。銅については、飛鳥時代中頃の飛鳥水落遺跡《あすかみずおちいせき》出土の銅管《どうかん》が国産の銅でもっとも古いとされます。文献では文武二年（六九八）に因幡国《いなばのくに》（鳥取県）で産出された記録がもっとも古く、和銅元年（七〇八）には武蔵国（東京都、埼玉県）で自然銅が産出され、本格的な最初の銅貨の和同開珎が発行されています。鉄については、国内での生産は弥生《やよい》時代後期までさかのぼるようで、明治時代までは砂鉄《さてつ》を使っていたと考えられます。

これらの原料を使ったさまざまな金属製品をつくった遺跡としては、現在、万葉文化館となっている飛鳥池遺跡が知られています。ここでは金属加工の他、富本銭《ふほんせん》やガラス・水晶《すいしょう》・琥《こ》珀《はく》を使った玉《たま》類、漆《うるし》やべっこう細工、瓦などがつくられ、さまざまなものを生産する姿は、古代の工業地帯とも言えましょう。飛鳥池遺跡は、七世紀後半から藤原京の時代の八世紀初頭まで存続しており、藤原京の南方では工場の煙が立つ姿が見られたことでしょう。

コラム 4

「御井《みい》」の位置

藤原宮には日の御陰《みかげ》（御殿《ごてん》）から神聖な水が湧《わ》き出ていて、「藤原宮《ふじわらのみや》の御井《みい》の歌」（『万葉集《まんようしゅう》』巻一―五二）はこの清水のように藤原宮は永遠であれと讃《たた》えています。御井は井戸や泉の美称《びしょう》ですが、ここでは清水が御殿の水であると明確に表現しています。このことから清水が湧き出るところは井戸と見て間違いないでしょう。そして、御殿とは天皇が暮らす殿舎《でんしゃ》を指しています。つまり、井戸は殿舎のそばにあることが分かります。

かつてこの御井の場所を求めて、昭和を代表する歌人斎藤茂吉《さいとうもきち》が何度も藤原宮跡に足を運んでいます。そして彼は、朝堂院《ちょうどういん》の東側回廊の中央から北にかけた一帯のメクロ（現在、花蓮《はす》を植えている場所）の名前を持った場所に御井が存在したのではないかと考えました。たしかにこの場所の北東付近には、豊富に水が湧く井戸が最近まであって、候補地に考えることもできますが、当時もこの考えは否定されました。そして現在は、この場所には役所があることが明らかとなり、御井は存在しないと考えられています。

それでは御井は、どこにあったのでしょうか。「御殿の井戸」は天皇の殿舎を表現しており、このことから御井は、天皇の生活空間である内裏《だいり》にあったことが分かります。そして、御井が藤原宮を象徴する点に注目すると、もっとも立派な井戸にこの名称がふさわしいのではないでしょうか。とすれば、前代の飛鳥浄御原宮《あすかきよみはらのみや》や次代の都・平城宮が手がかりを与えてくれます。

飛鳥浄御原宮には、内郭《ないかく》とエビノコ郭と呼ばれる施設があります。この二つを藤原宮の施設に照らすと、内郭は天皇の生活空間である内裏、エビノコ郭は大極殿《だいごくでん》に当たります。内裏である内郭の東北隅付近には、大きな井戸が設けられています。そしてその周りには、やや大きな石を三重に張り巡らし、とても立派に築かれています。平城宮でも聖武《しょうむ》天皇の頃に、内裏を囲む東辺の大垣と呼ばれる塀のほぼ中央に設けられた井戸は、都が平安京に遷《うつ》されるまでの間ずっと使われています。この井戸も飛鳥浄御原宮の井戸とよく似ており、とても立派に築かれています。二つの井戸はよく似たつくりであるとともに、築かれた場所が内裏の東側空間にあることで共通します。

以上のことから、藤原宮の御井も同じ石敷きの立派な井戸で、内裏の東側の中央から北あたりに築かれていたのではないでしょうか。

藤原京に関わる万葉歌について

《特別テーマ》

『万葉集《まんようしゅう》』には、藤原宮を直接詠《よ》んだ歌が五首あります。この他に、例えば街のいたるところで流れている歌には、必ずその歌の内容を端的《たんてき》に言い表す題名があるように、万葉歌にも同じように作者名や詠まれた時の状況やいきさつなどを記した題詞を付けた歌が多くあります。ここに藤原宮や藤原京の名が見える歌が六首あります。また、後代に歌の作者とは関係のない人が、歌について補足説明や異伝《いでん》があれば、歌の後ろに「左註《さちゅう》」と呼ばれる注意書きを付ける場合があります。ここに登場する歌が二首あります。そして、「藤原」の語は見えないものの、歌の内容から明らかに藤原京のことを詠んだと分かる歌が二首あります。合計一三首を数えることができます。

しかし、この一三首の中には、朱鳥元年《しゅちょう(あかみとり)》(六八六)、飛鳥浄御原宮《あすかきよみはらのみや》でお亡くなりになられた天武《てんむ》天皇の後継争いに敗れた大津皇子《おおつのみこ》が、死を目前にして詠んだあまりにも有名な歌

ももづたふ　磐余《いわれ》の池に　鳴く鴨《かも》を　今日《けふ》のみ見てや　雲隠《くもかく》りなむ　(巻三―四一六)

大意(磐余の池に鳴く鴨を見ることも今日を限りとして、私は死んで行くことであろうか。)

があります。その左註には「右、藤原宮の朱鳥元年冬十月なり。」と記されていますが、記されている年号から、すべての読者は誰もがこの歌は藤原宮に関係ないと断言するはずです。こういった歌が一三首の中に紛《まぎ》れています。したがって、本当に藤原宮や藤原京に関係する歌となると九首となります。

それでは、藤原宮や藤原京についてどのように詠まれたのでしょうか。歌の内容と歌に表されている時間の流れを追って整理すると、五つにまとめることができます。

一．超巨大プロジェクト

巻十九に収められている四二六〇歌と四二六一歌が挙げられます。この二つの歌は、牛の腹が土に塗《まみ》れるほどにぬかるんでいる田んぼや水鳥が多く集まり羽を休めるのに格好の水沼が広がる土地を造成して、広大な都・藤原京を建設した天武天皇を讃《たた》える歌です。この歌は藤原京建設が超巨大プロジェクトであった様子を伝えています。

二．藤原宮を讃える　巻一に収められている五〇歌と五二歌、そして五三歌が該当します。ここでは、藤原宮の建設には人だけでなく天地も喜んで参加した姿や、大和三山に守られた絶好の場所にある藤原宮は永遠に栄えることを詠みます。そしてこの宮に仕える乙女へ羨望《せんぼう》の眼差《まなざし》を向けることで、藤原宮を絶賛《ぜっさん》します。

三．京の様子について　巻十三に収められている三三二四歌は、藤原京へ都が遷《うつ》ってから二年後（六九六年）に亡くなられた、太政大臣高市皇子《だじょうだいじんたけちのみこ》の死を悼《いた》み悲しむ歌として有名です。歌中の「藤原の　都しみみに　人はしも　満ちてあれども」から、都は非常に多くの人で賑《にぎ》わっている様子が伝わってきます。

四．惜別　巻一に収められている七八歌では、都が平城京へ遷《うつ》されるのに伴い藤原京を去ってゆくその別れを惜しむ心情を綴《つづ》っています。

五．古京として　巻三の三七八歌と巻十の二二八九歌は、いずれも平城京で詠まれていて、藤原京はすでに古京として記憶《きおく》される存在、となってしまったことを伝えています。

以上が藤原宮と藤原京を題材とした万葉歌のすべてですが、時系列に並べてゆくと万葉歌は藤原京の歴史を見事に詠み上げていることに気づきます。すなわち万葉歌は、藤原京の造営、完成と永遠の都としての希求《ききゅう》、都としての賑わい、その後に起こる平城京遷都《せんと》、そして古京（故郷）へと落ち着くまでの一連の流れを刻んでいると言えます。このように万葉歌からも、藤原京が、当時計り知れないほどの輝きを持っていたことをあらためて実感することができます。

なお、藤原京に関わる万葉歌については時系列順に並べると次の通りになります。また歌の後ろにその大意を併記します。大意は基本的に『日本古典文学全集』（小学館）にもとづいています。

一・超巨大プロジェクト

壬申《じんしん》の年の乱の平定《しづ》まりにし以後《のち》の歌二首

大君《おほきみ》は　神にしませば　赤駒《あかごま》の　腹這《はらば》ふ田居《たゐ》を　都《みやこ》と成しつ　（巻十九—四二六〇）

右の一首、大将軍贈右大臣大伴卿の作

壬申の乱が治まった後の歌二首

大君は　神でいらっしゃるので　赤駒の　腹這う田んぼでも　都となさった

右の一首、大将軍贈右大臣大伴卿（御行《みゆき》）の作

大君は　神にしませば　水鳥の　すだく水沼《みぬま》を　都と成しつ　（巻十九―四二六一）

作者未《いま》だ詳《つまび》らかならず

右の件《くだり》の二首、天平勝宝四年二月二日に聞き、即《すなは》ちここに載《の》す。

大君は　神でいらっしゃるので　水鳥の　集まる沼でも　都となさった

作者不明　右の一連の二首は、天平勝宝四年二月二日に聞き、そのままここに載せたものである。

二．藤原宮を讃える

藤原宮《ふじはらのみや》の役民《えだちのたみ》の作る歌

やすみしし　我が大君《おおきみ》　高照《たかて》らす　日の皇子《みこ》　あらたへの　藤原が上に　食《を》す国を　見《め》した

まはむと　みあらかは　高知《たかし》らさむと　神《かむ》ながら　思ほすなへに　天地《あめつち》も　依《よ》りてあれこそ

いはばしる　近江の国の　衣手《ころもで》の　田上山《たなかみやま》の　真木《まき》さく　檜《ひ》のつまでを　もののふの　八十《やそ》宇治川《うぢかは》に　玉藻《たまも》なす　浮かべ流せれ　そを取ると　騒く御民《みたみ》も　家忘れ　身もたな知らず　鴨《かも》じもの　水に浮き居《ゐ》て　我が作る　日の御門《みかど》に　知らぬ国　よし巨勢道《こせぢ》より　我が国は　常世《とこよ》にならむ　図負《あやお》へる　くすしき亀も　新《あら》た代《よ》と　泉《いづみ》の川に　持ち越せる　真木のつまでを　百足《ももた》らず　筏《いかだ》に作り　のぼすらむ　いそはく見れば　神《かむ》からならし　（巻一―五〇）

右、日本紀《にほんき》に曰《いわ》く、「朱鳥《あかみとり》七年癸巳《きし》の秋八月、藤原の宮地《みやどころ》に幸《いでま》す。八年甲午《かふご》の春正月、藤原宮に幸す。冬十二月、庚戌《かうしゅつ》の朔《つきたち》の乙卯《いつぼう》、藤原宮に遷居《うつ》らす」といふ。

藤原宮の役民が作った歌

（やすみしし）わが大君の（高照らす）日の神の御子天皇が（あらたへの）藤原の地で　国じゅうを　ご覧になろうと　宮殿を　高く作ろうと　神であるままにお考えになると　天地の神々も　服従しているからこそ（いはばしる）近江の国の（衣手の）田上山の（真木さく）檜丸太を（もののふの）八十宇治川に（玉藻なす）浮かべて流しているのだ　それを取ろうと　忙しく立ち働く役民も　家を忘れ　自分の事など少しも考えず（鴨じもの）水に浮かんでいて　―我々の作る　日の朝廷《みかど》に　異国をも　よしこせという名の巨勢道から

わが国が　常世《とこよ》になるという　めでたい模様を背に負った　不可思議な亀も　新時代を祝福して―　いづみの川に　運び入れた　檜丸太を　（百足らず）　筏にして　川をさかのぼらせているのであろう　精出して働いているのを見ると神である天皇の御意のままらしい

右は、日本書紀に「朱鳥七年八月、藤原宮地に行幸された。八年正月、藤原宮に行幸された。同年十二月六日に藤原宮に遷られた」とある。

藤原宮《ふじはらのみや》の御井《みゐ》の歌

やすみしし　わご大王《おほきみ》　高照らす　日の御子《おこ》　あらたへの　藤井が原に　大御門《おおみかど》　始《はじ》めたまひて　埴安《はにやす》の　堤《つつみ》の上に　あり立たし　見《め》したまへば　大和《やまと》の　青香具山《あをかぐやま》は　日の経《たて》の　大《おほ》き御門《みかど》に　春山と　しみさび立てり　畝傍《うねび》の　この瑞山《みづやま》は　日の緯《よこ》の　大き御門に　瑞山と　山さびいます　耳梨《みみなし》の　青菅山《あをすがやま》は　背面《そとも》の　大き御門に　よろしなへ　神《かむ》さび立てり　名ぐはしき　吉野の山は　影面《かげとも》の　大き御門ゆ　雲居《くもい》にそ　遠くありける　高知《たかし》るや　天《あま》の御蔭《みかげ》　天知《あめし》るや　日の御蔭の　水こそば　常《つね》にあらめ　御井《みゐ》の清水《すみみづ》　（巻一―五二）

藤原宮の御井の歌

（やすみしし）わが大君の（高照らす）日の神の御子天皇が（あらたへの）藤井が原に宮殿を造り始められ　埴安の　池の堤の上にお立ちになって　ご覧になると　大和の国の　青香具山は　東面の　大御門に　春山らしく　茂り立っている　畝傍の　このみずみずしい山は、西面の　大御門に　瑞山らしく　美しく立っている　耳梨の　青菅山は　北面の　大御門に格好よく　神々しく立っている　名も高い　吉野の山は　南面の　大御門から　空の果てに遠くあることだ　高く聳《そび》える　天つ神の御殿　天を蔽《おお》う　日の皇子の御殿　ここの水こそは永遠であれ　御井の清水よ。

短　歌

藤原の　大宮仕《つか》へ　生《あ》れつくや　娘子《をとめ》がともは　ともしきろかも（巻一―五三）

右の歌、作者未《いま》だ詳《つまび》らかならず。

藤原の　大宮に仕えるために　生まれてきた　あのおとめたちは　羨《うらや》ましいことだ

右の歌は、作者がわからない。

三・京の様子について

挽《ばん》歌《か》

かけまくも　あやに恐《かしこ》し　藤原《ふぢはら》の　都しみみに　人はしも　満ちてあれども　君はしも　多くいませど　行き向かふ　年の緒長《おなが》く　仕へ来《こ》し　君が御門《みかど》を　天のごと　仰《あふ》ぎて見つつ恐《かしこ》けど　思ひ頼《たの》みて　いつしかも　日足《ひた》らしまして　望月《もちづき》の　たたはしけむと　我《あ》が思ふ皇子《みこ》の命《みこと》は　春されば　植槻《うゑつき》が上《うへ》の　遠《とお》つ人　松の下道《したぢ》ゆ　登らして　国見遊ばし　九月《ながつき》のしぐれの秋は　大殿《おおとの》の　砌《みぎり》しみみに　露負《つゆお》ひて　なびける萩を　玉《たま》だすき　かけてしのはしみ雪振る　冬の朝《あした》は　刺《さ》し柳《やなぎ》　根張《ねは》り梓《あずさ》を　大御手《おほみて》に　取らしたまひて　遊ばしし　我《わ》が大《おほ》君《きみ》を　煙《けぶり》立つ　春の日暮らし　まそ鏡《かがみ》　見れど飽《あ》かねば　万代《よろづよ》に　かくしもがもと　大舟《おほぶね》の頼める時に　泣く我　目かも迷《まと》へる　大殿を　振り放《さ》け見れば　白《しろ》たへに　飾《かざ》り奉《まつ》りて　うちひさす　宮の舎人《とねり》も（一に云ふ、「は」）　たへのほの　麻衣着《あさぎぬけ》れば　夢《いめ》かも　現《うつつ》かもと　曇《くも》り夜《よ》の　迷《まと》へる間に　あさもよし　城上《きのへ》の道ゆ　つのさはふ　磐余《いはれ》を見つつ　神葬《かみはぶ》り　葬《はぶ》り奉《まつ》れば　行く道の　たづきを知らに　思へども　験《しるし》をなみ　嘆けども　奥かをなみ　大御袖《おほみそで》

行き触《ふ》れし松を　言問《ことと》はぬ　木にはありとも　あらたまの　立つ月ごとに　天《あま》の原　ふり放け見つつ　玉《たま》だすき　かけて偲《しの》はな　恐《かしこ》くありとも（巻十三―三三二四）

申すのも　むしょうに恐れ多いことだが　藤原の　都にいっぱい　人々は　満ち溢れているが　主君は　たくさんいらっしゃるが　めぐり来る　年月長く　お仕えしてきた　君の御殿を　天のように　いつも仰ぎ見て　恐れ多いことながら　頼みに思って　いつになったら成人なさり　満月のように　欠けることがなかろうとわれわれが思っていた　皇子の命は春になると　植槻のあたりの（遠つ人）　松の下道を　登られて　国見をなさり　九月の時雨《しぐれ》降る秋は　大殿の石畳のまわりにびっしりと　露が置いて　たわんでいる萩を（玉だすき）　御心《みこころ》に賞《め》でられ　雪の降る　冬の朝は　刺し柳が　根を張るというその張った梓の弓を　御手に　お取りになって　狩りをなさった　我らの皇子を　煙に霞《かす》む　春の日もずっと（まそ鏡）　見ても飽きないので、万代に　このようにお仕えしたいと（大舟の）　頼みに思っていた時に　泣くわたしの　目がどうかしたのか　大殿を振り仰いで見ると　真っ白にお飾り申して（うちひさす）　宮の舎人らも（また「は」）　真っ白な　麻の裳服《もふく》を着ているので　夢なのか　現実なのかと（曇り夜の）　まごついているうちに（あさもよし）　城上の道を通って（つのさはふ）磐余を横に見ながら　神として　お送り申すと　行く道のあてもわからず　いくらお慕いしても　その甲斐《かい》もなく　いくら嘆いてもきりがないので　皇子の御袖の　触れた松を　ものを言わない　木ではあっても（あらたまの）月が改まるたびに　大空を　振り仰いで見ては（玉だすき）心にかけてお偲び申そう　恐れ多くても

四・惜別

和銅《わどう》三年庚戌《かうしゅつ》の春二月、藤原宮より寧樂宮《ならのみや》に遷《うつ》る時に、御輿《みこし》を長屋《ながや》の原に停《とど》めて、古郷《ふるさと》を廻望《かへり》みて作らす歌　一書に云はく、太上天皇の御製

飛ぶ鳥の　明日香の里を　置きて去《い》なば　君があたりは　見えずかもあらむ

（一に云ふ、「君があたりを　見ずてかもあらむ」）（巻一―七八）

和銅三年二月に、藤原宮から寧楽宮に遷った時に、御輿を長屋の原に停めて旧都藤原を振り返って作った歌　またの書には太上天皇（元明）のお歌とともある

（飛ぶ鳥の）明日香の古京を　捨てて行ったら　あなたのあたりは　みえなくなりはしまいか

〈あるいは「あなたのあたりを　見ずにいられるだろうか」〉

五．古京として

山部宿禰赤人《やまのべのすくねあかひと》、故《すぎにし》太政大臣藤原家の山池《しま》を詠《よ》む歌一首

古《いにしへ》の　ふるき堤《つつみ》は　年深み　池のなぎさに　水草生《みずくさお》ひにけり　（巻三―三七八）

山部宿禰赤人が故太政大臣（藤原不比等）藤原家の庭の池を詠んだ歌一首

古《いにしへ》の　古い堤は　年を経《へ》て　池のなぎさに　水草が生《は》えている

藤原の　古《ふ》りにし里の　秋萩《あきはぎ》は　咲きて散りにき　君待ちかねて　（巻十―二二八九）

藤原の　古い都の　秋萩は　咲いて散ってしまいました　あなたを待ちかねて

六・その他題詞や左註に藤原宮・藤原京が登場する歌

大津皇子《おおつのみこ》、死を被《たまは》りし時に、磐余《いはれ》の池の堤《つつみ》にして涙を流して作らす歌一首

ももづたふ　磐余の池に　鳴く鴨《かも》を　今日《けふ》のみ見てや　雲隠《くもかく》りなむ　（巻三―四一六）

右、藤原宮の朱鳥《あかみとり》元年冬十月

大津皇子が処刑された時に、磐余の池の堤で涙を流して作られた歌一首

（ももづたふ）　磐余の池に　鳴いている鴨を　今日だけ見て　死んでゆくのか

右は藤原宮の朱鳥元年十月のことである。

明日香宮《あすかのみや》より藤原宮《ふぢはらのみや》に遷居《うつ》りし後に、志貴皇子《しきのみこ》の作らす歌

采女《うねめ》の　袖吹きかへす　明日香風《あすかかぜ》　京《みやこ》を遠み　いたづらに吹く　（巻一―五一）

明日香宮から藤原宮に遷った後に、志貴皇子が作られた歌

采女らの　袖を吹き返した　明日香風は　都が遠いので　むなしく吹いている

或本、藤原京《ふじはらのみやこ》より寧樂宮《ならのみや》に遷る時の歌

大君の　命《みこと》かしこみ　にきびにし　家を置き　こもりくの　泊瀬《はつせ》の川に　舟浮《う》けて　我《わ》が行く川の　川隈《かはくま》の　八十隈《やそくま》おちず　万《よろづ》たび　かへり見しつつ　玉桙《たまほこ》の　道行き暮らし　あをによし　奈良の京《みやこ》の　佐保川に　い行き至りて　我が寝たる　衣《ころも》の上《うへ》ゆ　朝月夜《あさづくよ》　さやかに見れば　たへのほに　夜の霜降り　石床《いはとこ》と　川の氷凝《ひこご》り　寒《さむ》き夜を　息《やす》むことなく　通ひつつ作れる宮に　千代《ちよ》までに　いませ大君《おほきみ》よ　我も通はむ　（巻一―七九）

　或る本の、藤原宮から寧楽宮に遷った時の歌

大君の　仰せを恐れ謹んで　住み慣れた　家をあとにし　（こもりくの）　泊瀬《はつせ》の川に　舟を浮かべて　わたしが行く川の　曲り目ごと　たくさんの曲がり目ごとに　幾たびも　振り返り振り返り　（玉桙《たまほこ》の）　道の途中で日が暮れてしまい　（あをによし）　奈良の京《みやこ》の　佐保川まで　行き着いて　仮寝する　わたしの衣の上を照らす　朝月の光で　はっきり見ると　真っ白に　夜の霜は降り　岩床のように厚く　川の氷は張りつめ　寒い夜も　ゆっくり休むことなく　往復しては作っている宮に　いつまでも　お住まいください大君よ　わたしも通いましょう

長屋王《ながやのおほきみ》の故郷《ふるさと》の歌一首

我が背子《せこ》が　古家《ふるへ》の里の　明日香には　千鳥《ちどり》鳴くなり　妻待ちかねて　（巻三—二六八）

右、今案《かむが》ふるに、明日香より藤原宮《ふぢはらのみや》に遷《うつ》る後に、この歌を作るか。

長屋王が故郷で作った歌一首

あなたの　旧宅のある　明日香の里では　むなしく千鳥が鳴いている　妻をまちかねて

右は、今考えると、明日香から藤原宮に遷った後に、この歌を作ったものであろうか。

七．その他本文中に引用した歌

鴨君足人《かものきみたるひと》の香具山《かぐやま》の歌一首　并《あわ》せて短歌

天降《あも》りつく　天《あめ》の香具山《かぐやま》（芳来山とも書く）　霞《かすみ》立つ　春に至《いた》れば　松風に　池波立ちて　桜《さくら》花《ばな》　木《こ》のくれしげに　沖辺《おきへ》には　鴨《かも》つま呼ばひ　辺《へ》つへに　あぢむら騒《さわ》き　ももしきの　大《おほ》宮人《みやひと》の　まかり出《で》て　遊ぶ舟には　梶棹《かじさを》も　なくてさぶしも　漕《こ》ぐ人なしに

（巻三—二五七）

鴨君足人の香具山の歌一首と短歌

天から降ってきたという　天の香具山は　霞が立つ　春ともなれば　松風に　池は波立ち桜花は　木陰が暗くなるほどに茂り咲き　池の沖辺では　鴨がその妻を呼び　岸辺では　あじ鴨が群がって鳴き騒ぎ　（ももしきの）大宮人が　宮中から退出して　遊んだ舟には　梶も棹も　なくて寂しいことだ　漕ぐ人もなくて

土形娘子《ひぢかたのをとめ》を泊瀬《はつせ》の山に焼葬《やきはぶ》る時に、柿本朝臣人麻呂《かきのもとのあそんひとまろ》の作る歌一首

こもりくの　泊瀬の山の　山のまに　いさよふ雲は　妹《いも》にかもあらむ　（巻三―四二八）

土形娘子を泊瀬山に火葬した時に、柿本朝臣人麻呂が作った歌一首

（こもりくの）泊瀬の山の　山の端に　去りかねている雲は　おとめの火葬の煙であろうか

主な出来事と登場人物（年表）

天皇	西暦	和暦	主な出来事と登場人物
崇峻天皇	588	崇峻元	蘇我馬子が飛鳥寺を造り始める。（寺院建築の始まり）
	592	崇峻5	推古天皇が豊浦宮（現在の豊浦寺）で即位する。
推古天皇	593	推古元	田村皇子（舒明天皇）誕生。641年崩御。（48歳）
	594	推古2	宝皇女（皇極・斉明天皇）誕生。661年崩御。（67歳）
	603	推古11	宮を小墾田宮に遷す。また、冠位十二階を定める。
	604	推古12	聖徳太子が憲法十七条をつくる。
	607	推古15	小野妹子を隋に派遣する。（遣隋使）
	614	推古22	中臣（藤原）鎌足誕生。669年薨去。（55歳）
	626	推古34	中大兄皇子（天智天皇）誕生。671年崩御。（45歳）
舒明天皇	629	舒明元	道昭（日本で最初に火葬にされる）誕生。700年死去。（71歳）
	630	舒明2	犬上御田鍬を唐に派遣する。（遣唐使の始まり）
	634	舒明6	役小角（役行者）誕生？（修験道の祖）

天皇	西暦	年号	出来事
	639	舒明11	舒明天皇が百済大寺（桜井市：吉備池廃寺）を造り始める。
皇極天皇	642	皇極元	皇極天皇、小墾田宮に遷る。
	643	皇極2	義淵誕生？　728年死去。（85歳）
	645	皇極4	中大兄皇子（天智天皇）が飛鳥板蓋宮で蘇我入鹿を討つ。（乙巳の変）
孝徳天皇		大化元	宮を飛鳥板蓋宮から難波長柄豊碕宮に遷す。
			鸕野皇女（持統天皇）誕生。702年崩御。（57歳）
	646	大化2	改新の詔を発する。（大化の改新）
	654	白雉5	高市皇子（天武天皇の皇子）誕生。696年薨去。（42歳）
斉明天皇	655	斉明元	飛鳥板蓋宮が焼亡し、飛鳥川原宮（現在の川原寺）に遷る。
	656	斉明2	飛鳥川原宮から後飛鳥岡本宮（飛鳥板蓋宮跡に建設）に遷る。
	659	斉明5	藤原不比等誕生。720年薨去。（61歳）
	660	斉明6	唐・新羅が百済国を滅ぼす。
			中大兄皇子が漏刻（水時計：飛鳥水落遺跡）をつくる。
			大来皇女（天武天皇の皇女、初代斎王）誕生。701年薨去。（41歳）
	661	斉明7	阿閇皇女（天智天皇の皇女　元明天皇）誕生。721年崩御。（60歳）

天皇	西暦	和暦	出来事
天智天皇	662	天智元	草壁皇子（天武天皇の皇子）誕生。689年薨去。（27歳）
	663	天智2	日本・百済軍と唐・新羅軍が百済の白村江で戦う。日本軍敗走。
	665	天智4	間人皇女（天智天皇の妹）薨去。生年は不詳。
	667	天智6	宮を近江大津宮に遷す。
			大田皇女（大津皇子の母）薨去。生年は不詳。
	668	天智7	唐・新羅が高句麗国を滅ぼす。
	669	天智8	河内鯨を唐に派遣する。（これ以降遣唐使は一時中断する）
	670	天智9	庚午年籍をつくる。
天武天皇	672	天武元	壬申の乱が起こる。大海人皇子が天武天皇として即位する。
			宮を飛鳥浄御原宮に遷す。
	673	天武2	高市大寺を造り始める。
	674	天武3	大来皇女が斎王となり、伊勢神宮に仕える。
			田形皇女（天智天皇の皇女：斎王）誕生。728年薨去。（54歳）
	676	天武5	新城（後の藤原京）を造ろうと計画する。この時は断念する。
			天武天皇が大解除（おおはらえ）をおこなう。

天皇	西暦	年号	出来事
(天武天皇)			新羅が唐を朝鮮半島から追い出し統一を果たす。(統一新羅)
	677	天武6	高市大寺を大官大寺と改める。
	680	天武9	皇后(後の持統天皇)の病気平癒を祈願して薬師寺の建設を開始する。
			氷高皇女(草壁皇子の皇女:元正天皇)誕生。748年崩御。(68歳)
			京内(倭京)にある24の寺に綿・糸・布を支給する。
	682	天武11	新城(藤原京)の地形を調べさせる。
	683	天武12	軽皇子(草壁皇子の皇子:文武天皇)誕生。707年崩御。(25歳)
			銀銭(無文銀銭)の使用を禁止し、銅銭(富本銭)の使用を命じる。
	684	天武13	長屋王誕生。729年薨去。(45歳)
			天武天皇が京に赴き、宮地(藤原宮)を決定する。
	686	朱鳥元	天武天皇崩御。
持統天皇	688	持統2	天武天皇を檜隈大内陵に葬る。(野口王墓:天武・持統天皇陵)
	689	持統3	飛鳥浄御原令を施行する。草壁皇子薨去。
	690	持統4	持統天皇が即位する。
			高市皇子が藤原の宮地を視察する。

(持統天皇)	691	持統5	持統天皇が藤原の宮地を視察する。 新益京（藤原京）の地鎮祭をおこなう。 藤原京の宅地面積支給の基準を定める。
	692	持統6	藤原宮の地鎮祭をおこなう。京内に造られていた墓の移設をおこなう。
	694	持統8	藤原宮に遷る。（藤原京遷都）
	696	持統10	高市皇子薨去。
文武天皇	697	文武元	文武天皇（草壁皇子の皇子）が即位する。
	698	文武2	越後国（新潟県）、近江国（滋賀県）、紀伊国（和歌山県）で疫病が発生。
	699	文武3	役小角（役行者）が伊豆国（静岡県）に流される。
	700	文武4	道昭が亡くなり、遺骸は火葬にされる。（最初の火葬）
	701	大宝元	大官大寺に九重塔を建てる。 文武天皇が「文物の儀、是に備われり」と宣言する。 『大宝律令』が完成する。 首皇子（文武天皇の皇子：聖武天皇）が誕生。756年崩御。（55歳） 斎宮司を設置する。

（文武天皇）	702	大宝2	持統太上天皇崩御。（天武天皇陵に合葬：天武・持統天皇陵） 『大宝律令』の施行が終わる。 粟田真人らを唐に派遣する。（32年ぶりの遣唐使の再開）
	704	慶雲元	初めて藤原宮を定める。（藤原京の完成）　粟田真人が帰国する。
	706	慶雲3	藤原仲麻呂が生まれる。 全国で疫病が流行し人民が多く死んだので、初めて土牛をつくって追儺（十 二月晦日の悪鬼払い）の行事をおこなう。
	707	慶雲4	文武天皇崩御。元明天皇が即位する。 遷都（平城京遷都）について議論がおこなわれる。全国で疫病が流行。 威奈大村、文祢麻呂死去。いずれも生年は不詳。
元明天皇	708	和銅元	都を平城京へ遷すことを宣言する。和同開珎が発行される。
	710	和銅3	平城京に遷都する。
	719	養老3	粟田真人薨去。生年は不詳。

用語解説

飛鳥池遺跡【あすかいけいせき】……高市郡明日香村飛鳥に所在する七世紀後半から八世紀初頭の工房遺跡。金属製品や玉類、瓦、富本銭などがつくられた。現在、奈良県立万葉文化館になっている。

飛鳥浄御原宮【あすかきよみはらのみや】……大海人皇子《おおあまのおうじ》が壬申《じんしん》の乱《らん》に勝利した後、飛鳥に入ってつくり、天武《てんむ》天皇として即位した宮。持統《じとう》天皇が六九四年に藤原宮に遷るまで使われた。高市郡明日香村岡の伝飛鳥板蓋宮跡《あすかいたぶきのみやあと》がその遺跡と考えられている。

飛鳥時代【あすかじだい】……推古《すいこ》天皇が豊浦宮《とゆらのみや》で即位した崇峻《すしゅん》五年（五九二）から元明《げんめい》天皇が平城京に遷都《せんと》した和銅三年（七一〇）までの時代。一時期を除いて大和《やまと》の飛鳥地域（奈良県高市郡明日香村）に宮が置かれ、政治や文化の中心となっていた。藤原京の時代は、この飛鳥時代の終末に当たる。

飛鳥水落遺跡【あすかみずおちいせき】……高市郡明日香村飛鳥に所在する飛鳥時代の水時計と水時計台の遺跡。中大兄皇子《なかのおおえのおうじ》が日本で初めてつくった水時計とされる。

阿倍山田道【あべやまだみち】……↓上ツ道《かみつみち》

石神遺跡【いしがみいせき】……高市郡明日香村飛鳥にある宮殿遺跡。遺跡は七世紀前半から中頃・七世紀後半・七世紀末から八世紀初頭に分けられる。須弥山石《しゅみせんせき》・石人像といった石造物が発見され、斉《さい》明《めい》天皇の時期には饗宴《きょうえん》施設として利用されたと考えられている。

駅家【うまや】……律令制下、五畿七道《ごきしちどう》をつなぐ駅路《えきろ》において、駅馬《えきめ》の使用を許された駅使《えきし》のための施設。三〇里（約一六km）ごとに置かれた。

衛門府【えもんふ】……律令制において、宮門や宮城門《きゅうじょうもん》の警護に当たった役所。

延喜格【えんぎきゃく】・**延喜式**【えんぎしき】……律令を実際に施行するうえでの細かい決まりを記した法典。合わせて延喜格式とも言う。格は、延喜七年（九〇七）に施行されたが、式の完成は延長五年（九二七）にまで下る。

延喜式【えんぎしき】……↓延喜格《えんぎきゃく》

園池司【えんちし】……宮内省に属し、苑池《えんち》を管理する役所。その他に、野菜・果物を栽培し、供御《くご》（天皇のめしあがりもの）にあてる役割もつかさどった。

御家流【おいえりゅう】……和様書道の一派。江戸時代の公文書はこの書体に限られた。

近江大津宮【おうみおおつのみや】……滋賀県大津市錦織《にしごり》周辺に所在した。天智天皇が称制《しょうせい》期の六年（六六七）に遷都《せんと》し、翌年即位した。六七二年の壬申の乱で近江朝廷側が敗れるまで存続した。

織部司【おりべし】……大蔵省に属し、織物や染物のことをつかさどった役所。

陰陽師【おんみょうじ】……中務省《なかつかさしょう》の下の陰陽寮に属し、特別な占いによって国や個人の吉凶などを判断した。『日本書紀』天武一三年（六八四）二月に初めて見られる。

画工司【がこうし】……中務省に属し、絵画・彩色などの事をつかさどる役所。

橿原遺跡【かしはらいせき】……現在の橿原市畝傍《うねび》町・御坊《ごぼう》町にある橿原公苑周辺に広がる遺跡。時期は縄文時代から平安時代にいたり、藤原京の範囲にも含まれる。特に縄文時代終わり頃の土器や土偶などが多量に出土し、注目された。

上ツ道【かみつみち】・中ツ道【なかつみち】・下ツ道【しもつみち】・横大路【よこおおじ】・阿倍山田道【あべやまだみち】……上ツ道・中ツ道・下ツ道は古代の奈良盆地を南北に貫く直線道路。この三道は奈良盆地東側の山沿いから約二・一㎞間隔で計画的に配置され、大和《やまと》から山背《やましろ》につながっていた。横大路は三道に直交する東西方向の道路。河内から竹内街道を越えて大和に入り、初瀬谷から東国につながる。阿倍山田道は上ツ道の南への続きで、桜井市南部から南に向きを変え、飛鳥地域では東西方向の直線道路となる。三道は壬申の乱の時には文献に記され、横大路は推古天皇の時期にはつくられていたと考えられている。

上之庄遺跡【かみのしょういせき】……桜井市上之庄にある。古墳時代前期の坑《あな》や藤原京の時代の東五坊大路などが見つかっている。

基壇【きだん】……建物を長く保つために、基礎を頑丈にして高くつくった台。土をつき固めて高くつくり、周囲や上面が崩れないように石などで囲う。宮殿や寺院建築に主に用いられた。

畿内【きない】……律令制下、都の周辺に当たる、大和国（奈良県）・摂津《せっつ》国・河内《かわち》国・和泉《いずみ》国（大阪府、兵庫県東南部）・山背国（京都府南部）の五国の総称。和泉国は天平宝字元年（七五七）に河内国から分立したため、それまでは四畿内、以後五畿内と称される。

宮城門【きゅうじょうもん】……藤原宮・平城宮・平安宮といった宮城（大内裏《だいだいり》）の周囲の大垣に設けられた門。基本的に東西南北各辺に三門が開かれ、合計十二門あった。

凝灰岩【ぎょうかいがん】……火山灰・火山砂などの火山噴出物が、水中または地上に降下して集積・凝結してできた灰色または灰黒色の岩石。質はもろいが加工しやすく、建築・土木の石材に用いられる。

行幸【ぎょうこう】……天皇が外出すること。

浄御原令【きよみはらりょう】……天武一〇年（六八一）に天皇が編纂を命じ、持統三年（六八九）に施行された法令。律は完成しなかったと考えられている。

宮衛令【くえいりょう】……令の項目の一つ。宮殿の守衛に関する法令。

百済【くだら】……四世紀中頃から六六〇年まで、朝鮮半島南西部に存在した国家。

恭仁京【くにきょう】……京都府木津川市加茂町に所在した。聖武《しょうむ》天皇が天平一二年（七四〇）に平城京から遷都し、天平一六年（七四四）に難波宮に遷るまでの都。遷都後、山背国分寺となった。

桁行・梁行【けたゆき・はりゆき】……建物の平面において、屋根のもっとも高い水平部分である大棟《おおむね》と平行する方向を桁行、その直角方向を梁行という。

遣唐使【けんとうし】……遣隋使《けんずいし》のあとを受けて、日本から唐に派遣された公式の使節。舒明《じょめい》二年（六三〇）に犬上御田鍬《いぬがみのみたすき》らが派遣されたのを最初として、寛平《かんぴょう》六年（八九四）に菅原道真《すがわらのみちざね》の意見によって停止された。この間に約二〇回任命され、そのうち一六回が実行された。

薨去【こうきょ】……皇族・三位以上の人が死亡すること。

高句麗【こうくり】……紀元前二世紀頃から六六八年まで、中国東北地方南部から朝鮮半島北部にかけて存在した国家。

皇室典範【こうしつてんぱん】……皇室における重要事項を規定した基本法。昭和二二年（一九四七）に公布された。

国分寺・国分尼寺【こくぶんじ・こくぶんにじ】……天平一三年（七四一）に聖武天皇が命じて、国家の平安を祈る目的で全国に建てられた寺院。僧寺と尼寺があった。

骨蔵器【こつぞうき】……火葬した骨を納める容器。材質として金銅製や銅製、ガラス製、または須恵器《すえき》や土師器《はじき》の場合がある。

金光明経【こんこうみょうきょう】……お経の中で、国王がこれを読み、広げれば四天王（持国天《じこくてん》・増長天《ぞうちょうてん》・広目天《こうもくてん》・多聞天《たもんてん》）らが国や人々を守護すると説かれることから、特に奈良時代には鎮護国家のための経典として重んじられた。

今昔物語集【こんじゃくものがたりしゅう】……平安時代後期の説話集。一二世紀前半の成立。編者不詳。

斎王【さいおう】……天皇の即位とともに未婚の内親王《ないしんのう》・女王の中から選ばれ、伊勢神宮（三重県）や賀茂神社（京都府）に奉仕した。

三十六歌仙【さんじゅうろっかせん】……平安中期、藤原公任《ふじわらのきんとう》が選んだその時代までの代表的歌人三六人の総称。万葉歌人としては柿本人麻呂《かきのもとのひとまろ》・大伴家持《おおとものやかもち》らがいる。

三神山【さんしんざん】……神仙思想において、海の東方海中にあるという仙人たちが住む三つの山のこと。それぞれ蓬莱《ほうらい》・方丈《ほうじょう》・瀛州《えいしゅう》と称される。

紫香楽宮【しがらきのみや】……滋賀県甲賀市信楽《しがらき》町に所在した。聖武天皇が天平一四年（七四二）に離宮として造営し、天平一七年（七四五）の正月、難波宮から遷都した都。五月には平城京が再び都となり、廃止された。

式内社【しきないしゃ】……延喜式の中の神名帳《しんめいちょう》に記された神社。国がその社格と由緒を認めた神社で、以後その地位を示す指標となった。

四条古墳群【しじょうこふんぐん】……橿原市四条町の畝傍山東北麓に五世紀後半に営まれた古墳群。人物や馬、鹿など大量の形象埴輪《けいしょうはにわ》や木製品が出土した。

四神図【ししんず】……天の四方の方角をつかさどる神を描いた図。東は青龍《せいりゅう》、南は朱雀《すざく》、西は白虎《びゃっこ》、北は玄武《げんぶ》の四獣が描かれている。

七堂伽藍【しちどうがらん】……寺院における主要な堂塔の総称。古代寺院では塔《とう》（釈迦《しゃか》の遺骨を納める）・金堂《こんどう》（本尊を安置する）・講堂《こうどう》（経典の講義をする）・鐘楼《しょうろう》（鐘をつるす）・経蔵《きょうぞう》（経典を保管する）・僧房《そうぼう》（僧侶《そうりょ》の住まい）・食堂《じきどう》（僧が食事をする）の七つの堂塔を指す。

地鎮祭【じちんさい】……土木・建築などで、基礎工事に着手する前、その土地の神をまつって工事の無事を祈願するまつりの儀式。

紫微中台【しびちゅうだい】……天平《てんぴょう》勝宝《しょうほう》元年（七四九）に、皇太后となった光明《こうみょう》皇后が政治をおこなうために特別に設けられた機関。長官の紫微令《しびれい》には藤原仲麻呂が就任し権力をふるった。

下ツ道【しもつみち】……↓上ツ道《かみつみち》

終末期古墳【しゅうまつきこふん】……七世紀初頭から八世紀初めまでの古墳の時代区分。明日香村にある高松塚古墳やキトラ古墳などが代表である。

呪術【じゅじゅつ】……超自然的な存在や神秘的な力に働きかけて、さまざまな目的を達成しようとする意図的な行為。

周礼【しゅらい】……中国の書物。理想的な行政組織を細かく記しており、周《しゅう》（紀元前一〇四六年頃〜紀元前二五六年）の時代の成立とも考えられている。

荘園【しょうえん】……八世紀から一六世紀にかけて存在した私的な所有地。

正倉院【しょうそういん】……奈良の東大寺の倉庫。正倉院に収められている品物は、正倉院宝物として光明皇后が東大寺大仏に奉納した聖武天皇の遺愛品などが含まれている。奈良時代の政治・文化を知る上で重要な資料。

条坊（制）【じょうぼう（せい）】……都の内部を道路で碁盤目のように区切った区画、地割。詳しくはコラム1参照。

続日本紀【しょくにほんぎ】……『日本書紀』に続いて、文武《もんむ》天皇元年（六九七）から桓武《かんむ》天皇の延暦一〇年（七九一）までの歴史を記す。平安時代の延暦一六年（七九七）完成。

新羅【しらぎ】……四世紀中頃から九三五年まで、朝鮮半島に存在した国家。最初は南東部にあり、百済、高句麗と三国で並び立っていたが、六六八年に朝鮮半島を統一した。

壬申の乱【じんしんのらん】……天智《てんじ》天皇崩御後の天武元年（六七二）に、吉野に引退していた天智天皇の弟の大海人皇子と近江で政治をとっていた天智天皇の息子の大友皇子《おおとものみこ》が、皇位をめぐって争った大規模な内乱。大海人皇子が勝利し、天武天皇として飛鳥で即位した。

神仙思想【しんせんしそう】……中国の道教の考え方の一つ。神仙とされる場所に不老長寿の薬を求めたりする。

須恵器【すえき】……ロクロで成形し、窯の中で高温で硬く焼き上げられた土器。この技術は五世紀に朝鮮半島から伝えられた。

朱雀大路【すざくおおじ】……宮の南面正門の朱雀門と京の南面正門の羅城門を結ぶ南北道路。平城京や平安京では都の中でもっとも規模が大きく、中心的な道路であった。

赤痢【せきり】……法定伝染病の一つ。飲食物を介し口を通して赤痢菌に感染することによって発する急性の大腸の疾患。連続的に便意を催す。

千字文【せんじもん】……中国の漢字を覚えるための学習書。日本でも古代より用いられた。

宣命体【せんみょうたい】……漢文とは異なって、体言や用言の語幹は漢字で大きく、用言の語尾や助詞などは万葉仮名で小さく書く書き方。またこの書体で書かれた詔《みことのり》を宣命という。

造酒司【ぞうしゅし】……宮内省に属し、宮中のまつりなどで用いる酒や酢などをつくることを担当した役所。

礎石【そせき】……建物の柱と地盤の接地面に据える台石。

側溝【そっこう】……道路の両端に沿って設けられた小排水路。

租・庸・調【そ・よう・ちょう】……租は、田に課せられる税。庸は、労働力提供の代納物のこと。調は、諸国の産物を国に納めたもの。

第一次大極殿【だいいちじだいごくでん】……平城宮では最初は、朱雀門北側の中央の区画に大極殿がつくられた。しかし、恭仁宮《くにきゅう》などへの遷都の後、奈良時代後半に平城宮に都が戻った時には東側の区画に大極殿が新たにつくられた。このことから奈良時代前半のものを第一次大極殿、後半のものを第二次大極殿と呼んでいる。

大化の改新【たいかのかいしん】……大化元年(六四五)、当時権力をふるっていた蘇我蝦夷《そがのえみし》・入鹿《いるか》親子が、中大兄皇子《なかのおおえのおうじ》(後の天智天皇)や中臣鎌足《なかとみのかまたり》(後の藤原鎌足)に滅ぼされた「乙巳の変《いっしのへん》」の後、おこなわれた政治改革。

大極殿【だいごくでん】……宮の中心に位置する。天皇が皇族や貴族、役人の前に出て、政治や重要な儀式をおこなったところ。

大宝律令【たいほうりつりょう】……日本で律と令がそろった最初の法典。忍壁皇子《おさかべのみこ》らが編集し、大宝元年(七〇一)に令が、翌年に律が施行された。律は刑法、令は行政法である。

内裏【だいり】……天皇の住まいのこと。

大宰府【だざいふ】……律令制下、筑前国《ちくぜんのくに》(福岡県)に置かれた西海道《さいかいどう》(現在の九州地方)の統治機関。

太上天皇【だじょうてんのう】……天皇が位を譲った後の称号。文武元年(六九七)、文武天皇に位を譲った持統天皇が称したのに始まる。

長安【ちょうあん】……現在の中国陝西省西安市《せんせいしょうせいあんし》に所在した。前漢《ぜんかん》(紀元前二〇二~八年)・隋《ずい》(五八一~六一八年)・唐(六一八~九〇七年)などの首都として栄え、平城京・平安京は長安を手本にしてつくられた。

調【ちょう】……↓租《そ》

朝堂院【ちょうどういん】……大極殿の南に位置し、役人が実際に仕事や儀式をおこなったところ。

土橋遺跡【つちはしいせき】……橿原市土橋町にある。弥生時代の方形周溝墓《ほうけいしゅうこうぼ》や藤原京の時代の京極である西五坊大路、建物などが見つかっている。

典薬寮【てんやくりょう】……宮内省に属し、宮中の医療・医薬・薬園・乳牛などをつかさどった役所。

唐【とう】……六一八〜九〇七年に存在した中国の統一王朝。首都は長安。

道教【どうきょう】……中国の漢民族の伝統的な宗教。神仙思想にもとづく不老不死などを願う信仰。

東大寺要録【とうだいじようろく】……東大寺の歴史や財産などを記した書物。嘉承《かしょう》元年（一一〇六）に編集された。

土壇【どだん】……土を盛り上げて高くした台。

主殿寮【とのもりょう】……宮内省に属し、行幸《ぎょうこう》や宮中に関わることなどをつかさどった役所。

度量衡【どりょうこう】……度は長さ、量は容積、衡は重さのこと。

豊浦宮【とゆらのみや】……高市郡明日香村豊浦に所在した。推古天皇が崇峻五年（五九二）に即位した宮。推古一一年（六〇三）には、小墾田宮《おはりだのみや》に遷り、跡地は豊浦寺になった。

中ツ道【なかつみち】……→上ツ道《かみつみち》

難波宮【なにわのみや】……大阪市中央区法円坂（現在の大阪城の南西）に所在した。前期難波宮の遺跡は、孝徳天皇（在位六四五〜六五四年）の難波長柄豊碕宮《なにわながらとよさきのみや》と考えられ、天武天皇の時代にも整備がおこなわれた。八世紀前半の聖武天皇の時代にも一時期遷都され、これが後期難波宮の遺跡とされる。

奈良時代【ならじだい】……和銅三年（七一〇）の平城京遷都から延暦《えんりゃく》三年（七八四）の長岡京遷都を経て、延暦一三年（七九四）の平安京遷都までの時代。

二官八省【にかんはっしょう】……律令制における中央行政組織。詳細は口絵表参照。

日本書紀【にほんしょき】……神代《じんだい》より持統一一年（六九七）八月までの歴史を記した書物。天皇の命令により、舎人親王《とねりしんのう》らによって書かれた。養老四年（七二〇）完成。

仁王経【にんのうきょう】……国の守護や繁栄について、仏教的におこなう方法などを説いた経典。

野口王墓古墳【のぐちおうのはかこふん】（天武・持統天皇合葬陵）……高市郡明日香村野口に所在する。古墳の形は八角形で対辺間の距離は約三八mである。持統二年（六八八）に天武天皇が埋葬され、大宝三年（七〇三）に、火葬された持統天皇が合葬された。『延喜式』での陵墓の記録には「檜隈大《ひのくまおお》内陵《うちのみささぎ》」と記される。

廃寺【はいじ】……一般的に考古学では、寺院が廃絶した後、文献などでその寺院の存続していた時期の名前が明らかな場合は「〇〇寺跡」とし、名前がまったく不明な場合は、通常の遺跡名と同じく、地名である字名などから「〇〇廃寺」としている。

薄葬【はくそう】……簡単な葬儀。丁重でない葬式。大化の改新に際し、薄葬令が出された。

白村江の戦い【はくそんこうのたたかい】……六六〇年に滅んだ百済の復興をめぐって、天智二年（六六三）に朝鮮半島南西部の錦江《きんこう》で日本・百済軍と唐・新羅軍の間でおこなわれた海戦。日本・百済軍は敗れ、その後新羅が朝鮮半島を統一した。

白鳳時代・白鳳文化【はくほうじだい・はくほうぶんか】……飛鳥時代前半の飛鳥文化と奈良時代の天平文化の間に位置し、大化元年（六四五）の大化の改新から和銅三年（七一〇）の平城京遷都までの時代とその時に栄えた文化。主に美術史の時代区分で使用される。薬師寺東塔や薬師三尊像（奈良市）、法隆寺金堂壁画（生駒郡斑鳩町《いかるが》）が代表と言われる。

土師器【はじき】……弥生時代以来の素焼きの土器。焼成温度は低く、赤褐色を呈す。

八卦【はっけ】……占いに使用される八つの図形。自然や人間に関わる現象を象徴する。

梁行【はりゆき】……→桁行〔けたゆき〕

半肉彫【はんにくぼり】……彫刻で平面から浮かし彫りする程度で、高肉彫《たかにくぼり》と薄肉彫《うすにくぼり》の中間のもの。

貧窮問答歌【ひんきゅうもんどうか】……奈良時代、『万葉集』にある山上憶良《やまのうえのおくら》の歌。当時の律令制下の庶民の貧しさをリアルに表現した和歌。

風水思想【ふうすいしそう】……山川、水流などの様子を考え合わせて、都市・住宅の位置などを定めたりする考え方。

藤原広嗣の乱【ふじわらのひろつぐのらん】……天平一二年（七四〇）、藤原広嗣（?～七四〇）が大宰府で起こした反乱。広嗣は敗死した。

扶桑略記【ふそうりゃっき】……神武天皇より堀河天皇の寛治《かんじ》八年（一〇九四）にいたる日本の歴史を記した書物。仏教に力点が置かれ、寛治八年以降に比叡山の僧皇円《こうえん》によって私的につくられたとされる。

平安京【へいあんきょう】……延暦一三年（七九四）に桓武《かんむ》天皇が長岡京から遷都した都。京都市に所在する。

平城京【へいじょうきょう】……和銅三年（七一〇）に元明天皇が藤原京から遷都し、延暦三年（七八四）に桓武天皇が長岡京に遷都するまでの都。奈良市、大和郡山市に所在する。

崩御【ほうぎょ】……天皇・皇后・皇太后・太皇太后が死亡することの尊敬語。

法隆寺西院伽藍【ほうりゅうじさいいんがらん】……生駒郡斑鳩町に所在する法隆寺は、斑鳩寺《いかるがでら》とも言われ、聖徳太子が七世紀初頭に創建した寺跡は若草《わかくさ》伽藍と呼ばれる。この若草伽藍は焼失したと考えられ、七世紀後半になってその北西に場所を変えて再建されたのが、現在の法隆寺金堂や塔、中門、廻廊である。これが西院伽藍と呼ばれている。また若草伽藍の北東には、奈良時代になって聖徳太子の斑鳩宮をしのんで夢殿《ゆめどの》が建てられ、これを中心としたものが東院《とういん》伽藍（上宮王院《じょうぐうおういん》）と呼ばれている。

法相宗【ほっそうしゅう】……奈良時代の仏教の六つの学派である南都六宗の一つ。他には三論《さんろん》宗・成実《じょうじつ》宗・倶舎《くしゃ》宗・華厳《けごん》宗・律《りっ》宗がある。法相宗は現在、奈良市の興福寺と薬師寺を本山とする。

柾目・板目・木口【まさめ・いため・こぐち】……木の幹の中心を通って縦断した面が柾目（正目）、木の中心を通らずに縦断した面が板目、木を横断した面が木口。

万葉集【まんようしゅう】……飛鳥・奈良時代の歌集。五世紀の仁徳《にんとく》天皇皇后が詠んだ歌から天平宝字《てんぴょうほうじ》三年（七五九）までの歌約四五〇〇首が収められる。大伴家持がまとめたと考える説が有力で、完成は、七五九年以後とされている。

無形民俗文化財【むけいみんぞくぶんかざい】……祭り、伝承などの民俗的な文化的所産で、歴史上または芸術上価値の高いもの。

馬寮【めりょう】……役所で用いる馬の飼養を担当する役所。

木簡【もっかん】……木の板に墨で文字を記したもの。

身舎・廂【もや・ひさし】……建物の中心となる部分が身舎であり、その周りに付く小さい部屋が廂。

大倭国正税帳【やまとのくにしょうぜいちょう】……大和国の田からの収入などを政府に報告した文書。天平二年（七三〇）度のものの一部が正倉院文書として残る。

大和名所図会【やまとめいしょずえ】……江戸時代の寛政《かんせい》三年（一七九一）に刊行された。大和・奈良の名所・旧跡と名場面を厳選し、絵と文章で紹介する案内書。

庸【よう】……→租《そ》

養老律令【ようろうりつりょう】……先の大宝律令を改修した法典で、藤原不比等らによって編纂された。養老二年（七一八）につくられ、天平宝字《てんぴょうほうじ》元年（七五七）に施行された。以後、廃止されておらず、形式的には明治維新まで基本的な法典であった。

横大路【よこおおじ】……→上ツ道《かみつみち》

洛陽【らくよう】……現在の中国河南省《かなんしょう》洛陽市《らくようし》に所在した。後漢《ごかん》（二五～二二〇年）・魏《ぎ》（二二〇～二六五年）・西晋《せいしん》（二六五～三一六年）・北魏《ほくぎ》（三八六～五三四年）などが首都とした。隋・唐の時代にも首都の長安に対する副都として使用された。

羅城門【らじょうもん】……京の周囲を囲う城壁である羅城に開く門のことで、唐の長安城では十二門あったが、平城京や平安京では京の南辺中央の一門だけであった。都の正門と位置付けられる。藤原京には存在しなかった可能性が高い。

律令国家【りつりょうこっか】……刑法である律と行政法である令によって支配された国家。

緑釉陶器・灰釉陶器【りょくゆうとうき・かいゆうとうき】……陶磁器の表面に薄いガラス状の膜を意図的にかぶせ、飾りとした。酸化銅を溶かした緑釉、植物の灰を溶かした灰釉がある。須恵器や土師器に対して、高級品とされた。

蓮華文【れんげもん】……ハスの花びらをかたどった文様。仏教のシンボルとされ、飛鳥時代以降、仏像の台座や軒丸瓦《のきまるがわら》の文様に用いられた。

漏刻【ろうこく】……細い管や孔《あな》から流れ出る水量によって時刻を測定する仕掛けの時計。水時計とも言われる。

禄令　給季禄条【ろくりょう　きゅうきろくじょう】……禄令は季禄《きろく》・食封《じきふ》・位禄《いろく》・時服料《じふくりょう》など、役人などに対する俸禄《ほうろく》を規定したもので、その中の給季禄条は季禄の受給資格および品目・数量に関する規定を記した。

論語【ろんご】……孔子《こうし》の言行、孔子と弟子らとの問答などを収録した書物。

主要人物一覧

天照大神【あまてらすおおみかみ】……記紀神話で最高神とされる太陽の女神で、天皇の祖先神として伊勢の皇大神宮《こうたいじんぐう》にまつられる。

粟田真人【あわたのまひと】（?~七一九年）……飛鳥・奈良時代の貴族。『大宝律令』の編集に参加。大宝元年（七〇一）遣唐執節使《けんとうしっせつし》に任命され翌年に出発、慶雲《けいうん》元年（七〇四）に帰国した。その後中納言《ちゅうなごん》に昇る。

威奈大村【いなのおおむら】（六六二～七〇七年）……持統《じとう》・文武《もんむ》朝に活躍した役人。香芝市穴虫《あなむし》で、墓誌が記された大村自身の金銅製骨蔵器が出土しており国宝に指定されている。

大津皇子【おおつのみこ】（六六三～六八六年）……天武《てんむ》天皇の皇子。母は天智《てんぢ》天皇の皇女の大田皇女。才能が高く評価されていたが、天武天皇の没後、謀反の罪でとらえられ死を賜る。

大友皇子【おおとものみこ】（六四八～六七二年）……天智天皇の皇子。母は伊賀采女宅子娘《いがのうねめやかこのいらつめ》。天智天皇の晩年には太政大臣《だじょうだいじん》となったが、その後壬申《じんしん》の乱《らん》で敗死。『日本書紀』には即位したことが記されず、明治時代になって弘文《こうぶん》天皇として即位が認められた。

大伴家持【おおとものやかもち】（？～七八五年）……奈良時代の貴族、歌人。大伴旅人《たびと》の子で、中納言にまで昇る。

忍壁皇子【おさかべのみこ】（？～七〇五年）……天武天皇の皇子。母は宍人《ししひと》大麻呂の娘檝媛娘【かじひめのいらつめ】。「刑部」とも。『大宝律令』の編者。大宝三年（七〇三）には知太政官事《ちだじょうかんじ》に任じられ、政界で重要な地位を占めた。

柿本人麻呂【かきのもとのひとまろ】（生没年不詳）……飛鳥時代後半の代表的歌人、後に歌聖と称される。持統・文武朝に歌人として天皇に仕えた。

草壁皇子【くさかべのみこ】（六六二～六八九年）……天武天皇の皇子。母は天智天皇の皇女で天武天皇皇后であった鸕野讃良《うののさらら》皇女（後の持統天皇）。文武・元正《げんしょう》両天皇の父。皇太子となるが、即位前に亡くなる。

玄奘三蔵【げんじょうさんぞう】（六〇二〜六六四年）……中国唐の仏僧で法相宗《ほっそう》の開祖。仏典を求めて中国からインドに入り、多くの経典を持ち帰った。『大唐西域記《だいとうさいいきき》』を書き、『西遊記《さいゆうき》』の三蔵法師のモデルになった。

元正天皇【げんしょうてんのう】（六八〇〜七四八年）……奈良時代の女帝で、在位は七一五〜七二四年。名前は氷高《ひだか》皇女。父は草壁皇子、母は後の元明《げんめい》天皇。文武天皇の姉に当たる。

元明天皇【げんめいてんのう】（六六一〜七二一年）……飛鳥・奈良時代の女帝で、在位は七〇七〜七一五年。名前は阿閇《あべ》皇女。天智天皇の皇女。母は蘇我倉山田石川麻呂《そがのくらやまだのいしかわまろ》の娘姪娘《めいのいらつめ》。草壁皇子の妃となり、文武・元正両天皇を生んだ。

孝謙・称徳天皇【こうけん・しょうとくてんのう】（七一八〜七七〇年）……奈良時代の女帝で二度即位した。孝謙天皇の在位は七四九〜七五八年、称徳天皇の在位は七六四〜七七〇年。名前は阿倍《あべ》皇女。父の聖武《しょうむ》天皇と母の光明皇后《こうみょうこうごう》の唯一の娘。

光明皇后【こうみょうこうごう】（七〇一〜七六〇年）……奈良時代の聖武天皇の皇后。父は藤原不比等《ふひと》、母は県犬養三千代《あがたいぬかいのみちよ》。名前は安宿媛《あすかべひめ》、光明子とも言った。

皇極・斉明天皇【こうぎょく・さいめいてんのう】（五九四?〜六六一年）……飛鳥時代の女帝で二度即位した。皇極天皇の在位は六四二〜六四五年、斉明天皇の在位は六五五〜六六一年。名前は宝《たから》皇女。父は敏達《びだつ》天皇の孫である茅渟《ちぬ》王、母は吉備姫《きびひめ》王。舒明《じょめい》天皇の皇后となり天智・天武両天皇を生んだ。

持統天皇【じとうてんのう】（六四五〜七〇二年）……飛鳥時代の女帝で、在位は六八六〜六九七年。名前は鸕野讃良《うののさらら》皇女。天智天皇の皇女。母は蘇我倉山田石川麻呂の娘遠智娘《おちのいらつめ》。天武天皇の皇后となり、皇子である皇太子草壁皇子が没するとみずから即位した。

淳仁天皇【じゅんにんてんのう】（七三三〜七六五年）……奈良時代の天皇で、在位は七五八〜七六四年。名前は大炊《おおい》王。父は天武天皇の皇子である舎人《とねり》親王、母は当麻山背《たいまのやましろ》。

聖武天皇【しょうむてんのう】（七〇一〜七五六年）……奈良時代の天皇で、在位は七二四〜七四九年。名前は首《おびと》皇子。父は文武天皇、母は藤原不比等の娘宮子《みやこ》。仏教をあつく信仰し、国分寺・国分尼寺・東大寺大仏を建てた。

舒明天皇【じょめいてんのう】（五九三〜六四一年）……飛鳥時代の天皇で、在位は六二九〜六四一年。名前は田村《たむら》皇子。父は敏達《びだつ》天皇の皇子である押坂彦人大兄《おしさかのひこひとのおおえ》皇子、母は糠手姫《ぬかてひめ》皇女。天智・天武両天皇の父。

推古天皇【すいこてんのう】（五五四〜六二八年）……飛鳥時代の女帝で、在位は五九二〜六二八年。名前は額田部《ぬかたべ》皇女。父は欽明《きんめい》天皇、母は蘇我稲目《そがのいなめ》の娘堅塩媛《きたしひめ》。用明《ようめい》天皇は兄で、その皇子である聖徳太子（厩戸《うまやど》皇子）が摂政《せっしょう》として政治を助けた。

則天武后【そくてんぶこう】（六二四〜七〇五年）……中国・唐の第三代皇帝高宗《こうそう》の皇后。唐を中断して周《しゅう》を建てた。中国史上唯一の女帝。

高市皇子【たけちのみこ】（六五四〜六九六年）……天武天皇の長男で、母は胸形君徳善《むなかたのきみとくぜん》の娘尼子娘《あまこのいらつめ》。持統四年（六九〇）には太政大臣となり、天皇を補佐した。長屋王の父に当たる。

天武天皇【てんむてんのう】（？〜六八六年）……飛鳥時代の天皇で、在位は六七三〜六八六年。名前は大《おお》海人《あま》皇子。父は舒明天皇、母は皇極（斉明）天皇。壬申の乱に勝利して即位した。天武天皇は兄である天智天皇を引き継ぎ、律令国家の形成を推進した。

天智天皇【てんぢてんのう】（六二五または六二六〜六七一年）……飛鳥時代の天皇で、在位は六六八〜六七一年。六六一〜六六七年の間は、即位せず称制《しょうせい》をおこなった。名前は中大兄《なかのおおえ》皇子。父は舒明天皇、母は皇極（斉明）天皇。中臣（藤原）鎌足と大化の改新を進めた。白村江《はくそんこう》での敗戦の後、飛鳥から近江大津宮（滋賀県大津市）に宮を遷し、近江令《おうみりょう》の編纂や庚午年籍《こうごねんじゃく》（初めての全国的な戸籍）を作成した。

道昭【どうしょう】（六二九〜七〇〇年）……七世紀後半の僧。Q54、62参照。

中臣鎌足【なかとみのかまたり】……↓藤原鎌足《ふじわらのかまたり》

中大兄皇子【なかのおおえのおうじ】……↓天智天皇《てんぢてんのう》

長屋王【ながやおう】（六八四？〜七二九年）……天武天皇の孫で、高市皇子の長男。母は天智天皇の皇女である御名部《みなべ》皇女。神亀元年（七二四）には左大臣となるが、国家に対する謀反《むほん》の疑いで自殺に追い込まれる。平城京左京三条二坊の北西部分四坪が王の邸宅であり、発掘調査では大量の木簡が発見され、当時の皇族や貴族の生活を知る上で重要な史料となっている。

文祢麻呂【ふみのねまろ】（?〜七〇七年）……壬申の乱で活躍した人物。宇陀《うだ》市榛原《はいばら》にある火葬墓から銅製墓誌とその銅製の箱、ガラス製と金銅製の骨蔵器が出土しており、国宝に指定されている。

文武王【ぶんぶおう】（?〜六八一年）……新羅の第三〇代の王で、在位は六六一〜六八一年。朝鮮半島を統一した。

藤原鎌足【ふじわらのかまたり】（六一四〜六六九年）……中臣《なかとみ》鎌足。大化の改新における一連の政治改革に活躍した。死に当たって大織冠《たいしょっかん》を授けられ、内大臣の地位と藤原の姓を天智天皇より賜り、藤原氏の祖となった。

藤原仲麻呂【ふじわらのなかまろ】（七〇六〜七六四年）……奈良時代の貴族、政治家。恵美押勝《えみのおしかつ》ともいう。武智麻呂《むちまろ》の息子。太師（太政大臣）にまで昇るが、その後反乱をくわだて敗死した。

藤原不比等【ふじわらのふひと】（六五九〜七二〇年）……飛鳥・奈良時代の貴族、政治家。律令国家の建設に貢献し、藤原氏の地位を父鎌足のあとを受けて安定させた。長男の武智麻呂《むちまろ》は南家《なんけ》、次男の房前《ふささき》は北家《ほっけ》、三男の宇合《うまかい》は式家《しきけ》、四男の麻呂《まろ》は京家《きょうけ》をたて、四兄弟は不比等の後の政界で活躍するが、天平九年（七三七）に前後して全員天然痘《てんねんとう》で死亡した。

文武天皇【もんむてんのう】（六八三〜七〇七年）……飛鳥時代の天皇で、在位は六九七〜七〇七年。名前は軽《かる》皇子。父は草壁皇子、母は後の元明天皇。聖武天皇の父に当たる。

山上憶良【やまのうえのおくら】（六六〇〜七三三年？）……奈良時代の役人・歌人。『万葉集』に多くの歌を残す。

藤原京の調査・研究に関わる人物・機関

◎人物

足立康【あだちこう】（一八九八〜一九四一年）……昭和時代前期の建築史・美術史家。法隆寺や藤原宮などの研究を行った。

岸俊男【きしとしお】（一九二〇〜一九八七年）……日本古代史学者。京都大学名誉教授。日本古代の戸籍や木簡、金石文、宮都の研究に特に大きな業績を残した。

喜田貞吉【きたさだきち】（一八七一〜一九三九年）……大正時代から昭和時代初期に活躍した歴史家。法隆寺や藤原宮などの研究を行った。

黒板勝美【くろいたかつみ】（一八七四〜一九四六年）……日本古代史学者。東京帝国大学名誉教授。

◎機関

明日香村教育委員会【あすかむらきょういくいいんかい】……飛鳥地域の宮や古墳などの調査を担当。

橿原市【かしはらし】……西京極を明らかにした土橋遺跡や下ツ道、中ツ道など、藤原京の他、市内の遺跡の調査を担当。

桜井市教育委員会【さくらいしきょういくいいんかい】……東京極を明らかにした上之庄遺跡など、藤原京の他、市内の遺跡の調査を担当。

奈良県立橿原考古学研究所【ならけんりつかしはらこうこがくけんきゅうしょ】……初めて藤原宮の外郭の調査を行い、藤原宮や京の復元の基礎をつくった。現在も藤原京の調査を担当。

奈良文化財研究所【ならぶんかざいけんきゅうしょ】……藤原宮の中の構造などを明らかにした。現在も朝堂院や役所など藤原宮内の調査を主に担当。

藤原京とその時代を知る博物館・資料館

◆橿原市　藤原京資料室

住所：橿原市縄手町一七八—一　JAならけん橿原東部経済センター二F

TEL〇七四四―二二―四四〇一　二一―二五二五（かしはら・にこにこコール）
開館時間：午前九時〜午後五時（入室は午後四時三〇分まで）
休み：月曜日（祝日の場合はその翌日）、年末年始　入室無料
藤原京跡から出土した遺物やその資料をパネルで展示しています。6m×7mの大きな模型は、藤原京を千分の一の大きさで再現したもので、当時の都の様子が分かります。

◆橿原市　歴史に憩う橿原市博物館
住所：橿原市川西町八五八―一　TEL〇七四四―二七―九六八一
開館時間：午前九時〜午後五時（入館は午後四時三〇分まで）
休み：月曜日（祝日の場合はその翌日）、年末年始　入館有料
藤原京跡から出土した人面墨書土器・人形などの祭祀具、井戸枠などを展示しています。

◆奈良県立橿原考古学研究所附属博物館
住所：橿原市畝傍町五〇―二　TEL〇七四四―二四―一一八五
開館時間：午前九時〜午後五時（入館は午後四時三〇分まで）
休み：月曜日（祝日の場合はその翌日）、年末年始　入館有料
藤原京の時代の木簡の複製品や瓦、墨書土器の他、飛鳥宮の模型などを展示しています。

◆奈良文化財研究所　藤原宮跡資料室
住所：橿原市木之本町九四―一　TEL〇七四四―二四―一一二二
開館時間：午前九時〜午後四時三〇分

休み：土曜、日曜、祝日、年末年始　入室無料
藤原京の時代の土器や瓦をはじめ、貴族の屋敷の復原模型、当時の衣装をまとった役人や人々の食事のメニューなど、当時の人々の暮らしぶりが分かります。藤原京を再現したコンピュータグラフィックスなども見られます。

◆奈良文化財研究所　飛鳥資料館
住所：高市郡明日香村大字奥山六〇一　TEL〇七四四―五四―三五六一
開館時間：午前九時～午後四時三〇分（入館は午後四時まで）
休み：月曜日（祝日の場合はその翌日）、年末年始　入館有料
七世紀を中心として飛鳥地域の文化を紹介しています。

◆奈良県立万葉文化館
住所：高市郡明日香村大字飛鳥一〇　TEL〇七四四―五四―一八五〇
開館時間：午前一〇時～午後五時三〇分（入館は午後五時まで）
休み：水曜日、年末年始　入館有料
万葉集にちなんだ古代文化がテーマの情報発信基地で、ジオラマや人形劇などで万葉の時代をリアルに再現しています。

◆高松塚壁画館
住所：高市郡明日香村大字平田四三九　TEL〇七四四―五四―三三四〇
開館時間：午前九時～午後五時（入館は午後四時三〇分まで）

休み：年末年始　入館有料
高松塚古墳の石室内部を再現しています。
◆明日香村埋蔵文化財展示室
住所：高市郡明日香村大字飛鳥一一二　TEL〇七四四―五四―五六〇〇
開館時間：午前九時〜午後五時
休み：年末年始　入室無料
明日香村教育委員会がおこなった調査で見つかった出土品を展示しています。
◆桜井市立埋蔵文化財センター
住所：桜井市芝五八―二　TEL〇七四四―四二―六〇〇五
開館時間：午前九時〜午後四時
休み：月・火曜日（祝日の場合はその翌日）、年末年始　入館有料
上之庄遺跡など桜井市域の藤原京の時代の出土品などを展示しています。

参考文献

史料
黒板勝美『新訂増補　国史大系』第十二巻　扶桑略記・帝王編年記　吉川弘文館　一九四二年

『万葉集』一〜四　日本古典文学大系　岩波書店　一九五七〜一九六二年
『日本書紀』上・下　日本古典文学大系　岩波書店　一九六五・一九六七年
『万葉集』一〜四　日本古典文学全集　小学館　一九七一〜一九七五年
『律令』日本思想大系　岩波書店　一九七六年
宇治谷孟『日本書紀』全現代語訳（上）・（下）　講談社学術文庫　一九八八年
『続日本紀』一〜五　新日本古典文学大系　岩波書店　一九八九〜一九九八年
宇治谷孟『続日本紀』全現代語訳（上）・（中）・（下）　講談社学術文庫　一九九二年

その他

岸　俊男『宮都と木簡―よみがえる古代史―』　吉川弘文館　一九七七年
岸　俊男『古代宮都の探求』　塙書房　一九八四年
狩野　久・木下正史『飛鳥藤原の都』古代日本を発掘する1　岩波書店　一九八五年
坪井清足『飛鳥の寺と国分寺』古代日本を発掘する2　岩波書店　一九八五年
清原和義『万葉の歌―人と風土―　①明日香・橿原』　保育社　一九八五年
岸　俊男『日本古代宮都の研究』　岩波書店　一九八八年
吉村武彦『古代王権の展開』日本の歴史3　集英社　一九九一年
栄原永遠男『天平の時代』日本の歴史4　集英社　一九九一年
岸　俊男『日本の古代宮都』　岩波書店　一九九三年

木下正史『地中からのメッセージ　飛鳥・藤原の都を掘る』吉川弘文館　一九九三年
菅谷文則・竹田正則『奈良飛鳥』日本の古代遺跡7　保育社　一九九四年
八木　充『研究史　飛鳥藤原京』吉川弘文館　一九九六年
田中　琢編『古都発掘～藤原京と平城京～』岩波新書　一九九六年
林部　均『日本古代宮都形成過程の研究』青木書店　二〇〇一年
熊谷公男『大王から天皇へ』日本の歴史03　講談社　二〇〇一年
渡辺晃宏『平城京と木簡の世紀』日本の歴史04　講談社　二〇〇一年
寺崎保広『藤原京の形成』日本史リブレット6　山川出版社　二〇〇二年
森　公章編『倭国から日本へ』日本の時代史3　吉川弘文館　二〇〇二年
佐藤　信編『律令国家と天平文化』日本の時代史4　吉川弘文館　二〇〇二年
小澤　毅『日本古代宮都構造の研究』青木書店　二〇〇三年
木下正史『藤原京　よみがえる日本最初の都城』中公新書　二〇〇三年
犬養　孝『改訂新版　万葉の旅　上　大和』平凡社ライブラリー　二〇〇三年
井上和人『古代都城制条里制の実証的研究』学生社　二〇〇四年
木下正史『飛鳥幻の寺、大官大寺の謎』角川選書　二〇〇五年
井上和人『日本古代都城制の研究―藤原京・平城京の史的意義―』吉川弘文館　二〇〇八年
林部　均『飛鳥の宮と藤原京　よみがえる古代王宮』吉川弘文館　二〇〇八年
木下正史・佐藤　信編『飛鳥から藤原京へ』古代の都1　吉川弘文館　二〇一〇年

上野　誠『万葉びとの奈良』新潮選書　二〇一〇年

発掘調査報告書

奈良県教育委員会『藤原宮』一九六九年
奈良国立文化財研究所『飛鳥・藤原宮発掘調査報告』Ⅰ・Ⅱ・Ⅲ　一九七六・一九七八・一九八〇年
奈良県立橿原考古学研究所『院上遺跡』一九八三年

展示図録

奈良国立文化財研究所飛鳥資料館『藤原宮―半世紀にわたる調査と研究―』一九八四年
奈良国立文化財研究所飛鳥資料館『萬葉の衣食住』一九八六年
奈良国立文化財研究所『藤原宮と京』一九九一年
橿原市『よみがえる藤原宮と京―建都一三〇〇年にむけて―』一九九一年
橿原市千塚資料館『橿原の飛鳥・白鳳時代寺院』一九九二年
奈良国立文化財研究所『一三〇〇年前の首都　これが藤原京だ』一九九五年
橿原市千塚資料館『藤原京―最近の調査成果より―』一九九八年
橿原市『大宝律令制定一三〇〇年　藤原京と大宝律令』二〇〇一年
奈良文化財研究所『飛鳥・藤原京展―古代律令国家の創造―』朝日新聞社　二〇〇二年
奈良県立橿原考古学研究所附属博物館『天武・持統朝　その時代と人々』二〇〇四年

奈良県立橿原考古学研究所附属博物館『藤原京の実態―持統・文武・元明 三代の都―』二〇〇八年

DVD

『日本最初の都城 藤原京』企画橿原市 二〇一一年

『自然と歴史ロマンにつつまれる 橿原』企画橿原市 二〇一一年

口絵・挿図出典（写真提供を含む）一覧

項	題目	出典（写真提供）
口絵	藤原京跡全景（南から）	
	藤原京復元模型（南から）	橿原市教育委員会
	藤原京復元図	
	藤原宮復元図	奈良文化財研究所編『飛鳥・藤原京展』朝日新聞社
	藤原京と周辺の遺跡	
	二官八省	
	地方官制	

Q3	大和三山	橿原市教育委員会
Q4	昭和9年の藤原宮の調査	奈良文化財研究所編『よみがえる藤原宮と京』　橿原市
Q5	天武・持統天皇陵	
Q6	天皇の系図	佐藤麻子イラスト
Q7	威奈大村骨蔵器の銘文の一部	奈良国立文化財研究所飛鳥資料館『日本古代の墓誌』、現品は大阪・四天王寺所蔵
Q8	東五坊大路(上之庄遺跡、南から) 西五坊大路(土橋遺跡、北から)	桜井市教育委員会 橿原市教育委員会
Q12	条坊道路の様子	松吉祐希イラスト
Q16	藤原京の形は?	佐藤麻子イラスト
Q17	藤原京時代の地方の様子	佐藤麻子イラスト
Q18	藤原京の時代の国	
Q19	7世紀代の東アジア	
Q21	長安城/藤原京/平城京	
Q25	四条古墳(一号墳)全景 (現在は奈良県立医科大学のグラウンド)	
Q26	復元された平城宮第一次大極殿	

Q27	ヒノキ／コウヤマキ	
Q28	石神遺跡　鋸	奈良文化財研究所刊『奈文研ニュース』
	藤原宮　工具類	奈良文化財研究所刊『藤原宮と京』
Q30	藤原宮の十二門	松吉祐希イラスト
Q33	江戸時代の『和漢三才圖會』（寺島良安著）に見る指南車	東京美術刊『和漢三才圖會』
Q34	藤原京と木材、石材の産地	
Q35	運河の様子	橿原市教育委員会
Q36	藤原宮　軒丸瓦／藤原宮　軒平瓦	
Q37	屋根瓦の名称	奈良文化財研究所編『平城宮跡ガイドフレーズまほらま』を改変
Q38	藤原宮の瓦生産地	奈良文化財研究所編『飛鳥・藤原京展』朝日新聞社を改変。
Q39	瓦づくりの実演（山本瓦工業による）	
Q41	壁画「阿騎野の朝」（中山正實画伯作）	宇陀市教育委員会
Q42	四聖御影（南北朝時代）	東大寺所蔵
Q47	平城宮の建物配置	奈良文化財研究所編『平城京　奈良の都のまつりごととくらし』
Q48	大和の古代道路	奈良文化財研究所編『飛鳥・藤原京展』　朝日新聞社

Q53	中尾山古墳　全景	
Q54	藤原京　まじないの木簡（写真は複製品）	現品は橿原市教育委員会
Q58	久米寺の塔の礎石	橿原市『橿原の文化財図録』
Q59	大官大寺九重塔復元図	奈良文化財研究所編『1300年前の首都これが藤原京だ』橿原市
Q60	本薬師寺平面図	
Q61	二光寺廃寺　大型多尊塼仏復元品	
Q64	飛鳥京跡　木簡	
Q65	祭りに使われた道具	橿原市教育委員会
Q66	藤原京　土馬	
	藤原京　土牛の後脚	奈良文化財研究所蔵　橿原考古学研究所撮影
Q67	藤原京　八卦占い木簡	橿原市教育委員会
Q69	瓦葺礎石建物 檜皮葺掘立柱建物 礎石建物と掘立柱建物	
Q70	藤原京の宅地	奈良文化財研究所編『飛鳥・藤原京展』朝日新聞社
Q71	女性の服装の復元	
Q75	藤原宮　荷札木簡	

Q76	藤原宮　墨書土器	
Q77	和同開珎（銀銭）／富本銭／無文銀銭	桜井市教育委員会（富本銭のみ）
Q79	石神遺跡　具注暦	奈良文化財研究所刊『奈文研ニュース』
Q80	藤原京　籌木	奈良文化財研究所
	トイレ模型	大田区立郷土博物館
Q81	藤原宮　薬の木簡	
Q82	赤漆文欟木御厨子（正倉院宝物）	正倉院所蔵
Q83	縦板組の井戸	橿原市教育委員会
	横板組の井戸	橿原市教育委員会
Q85	古代の食事の復元	奈良文化財研究所編『よみがえる藤原宮と京』
Q86	藤原京　土器	
Q91	碁石と碁盤	橿原市教育委員会
Q92	くびき	奈良文化財研究所
	車輪	桜井市教育委員会
Q93	藤原宮　九九の木簡	奈良文化財研究所刊『藤原宮木簡』二
Q96	春　菜の花／夏　蓮の花／秋　コスモス	橿原市

Q97	藤原京農産物直売所 藤原京保育所 藤原京大橋	
Q99	マスコットキャラクター「こだいちゃん」 シンボルマーク ロマントピアの風景	橿原市『藤原京創都一三〇〇年記念祭〈ロマントピア藤原京'95〉公式記録』
Q100	藤原宮大極殿　復元CG	橿原市
コラム1	藤原京復元の移り変わり	橿原市千塚資料館『藤原京―最近の調査成果より―』

その他は、奈良県立橿原考古学研究所作製、撮影、所蔵。

あとがき

藤原京は、七世紀末から八世紀初めにかけての、わずか十六年間の日本の首都であった。その存在と規模などの実態は長らく、わかっていなかった。

昭和九年（一九三四）からの日本古文化研究所による大極殿《だいごくでん》と朝堂院《ちょうどういん》の発掘調査によって宮の存在が明らかにされたにもかかわらず、藤原京の存在については、深く研究されることはなかった。

昭和四一年（一九六六）からの奈良県教育委員会の小範囲な発掘調査と、高度の研究によって藤原宮は、一辺約一㎞四方の木柱列《もくちゅうれつ》（柵ともいう）によって囲まれていて、その外側には大規模な条坊が敷設されていることが確認された。藤原京研究にとっては第一の大きい画期であった。その後の発掘調査の進展によって、藤原京の規模についてはいくつもの研究試案が出されている（Q13、コラム1）。いずれにおいても藤原京は、昭和四十年代に推定された規模をはるかに越えることは確認されている。

藤原宮と藤原京の建築物の多くは、七一〇年の平城京への遷都《せんと》によって破却され、平城京へと運ばれたようで、京内の多くの邸宅も移っていった。よく知られている『万葉集《まんようしゅう》』の次の歌は、藤原京から平城京への遷都に伴って詠まれたものである。

うねめの袖吹き返す明日香風

都を遠みいたづらに吹く（巻一―五一）

この歌から万葉人は、藤原京が明日香《あすか》の都と見ていたのがわかる。飛鳥《あすか》文化の最高水準を示すのが、薬師寺の国宝薬師三尊像であり、興福寺の仏像（もとは山田寺の本尊）であることは一般によく知られている。奈良時代から平安時代を経て確立した日本文化の基礎が、実に藤原京にあったことは、本書を読んでいただければ、かんたんに確実に理解できる。

わたしたち、発掘調査に従事する考古学徒が綴《つづ》る藤原京と藤原宮讃歌《さんか》のエスプリが本書であると信じている。

二〇一二年三月

奈良県立橿原考古学研究所

所長　菅谷文則

執筆分担

明日香村教育委員会

相原嘉之　Q15

橿原市　斉藤明彦　Q94・99・100

坪井義徳　Q96

橿原市教育委員会

石坂泰士　Q 8・10・11・12・25・41・49

竹田正則　Q23・48・63・65・67・69・70・98
コラム 4・特別テーマ・主な出来事と登場人物

松井一晃　Q 3・7・9・13・26・40・95

桜井市教育委員会

橋本輝彦　Q14

奈良県立橿原考古学研究所

大西一則　（現　西の京高校）　Q 5・24・44・91・97
用語解説・主要人物一覧・藤原京の調査研究に関わる人物 機関・藤原京とその時代を知る
博物館・資料館

大西貴夫　Q 1・2・4・35・38・39・45・55・59・62・64
コラム 1・2・3・全体編集

岡田雅彦　Q29・30・31・32・33・46・66

佐藤麻子　（現　神戸市教育委員会）Q 6・16・17・71・73・74

重見　泰　Q19・20・21・22・42・43・79・81

鈴木一議　Q51・60・68・83・84・85・86・87

関本優美子　（現　大阪府立近つ飛鳥博物館）Q53・54・80・88・89・90

鶴見泰寿　Q18・50・52・72・75・76・77・78・92・93

廣岡孝信　Q27・28・34・36・37・47・56・57・58・61・82

＊執筆者は初版第 1 刷発行当時の所属です。

なるほど!「藤原京」100のなぞ

発行日	2012年3月8日	初版第1刷発行
	2023年9月27日	初版第2刷発行

編　者　橿原市
橿原市教育委員会
奈良県立橿原考古学研究所

発行者　柳原浩也

発行所　柳原出版株式会社
〒615-8107　京都市西京区川島北裏町74
電話　075-381-1010
FAX　075-393-0469

印刷／製本　亜細亜印刷株式会社

https://www.yanagihara-pub.com

ISBN978-4-8409-5025-1　C0021